W0197560

SPUREN DER GESCHICHTE

Pascal Mongne

DIE AZTEKEN

FLEURUS
VERLAG

© der deutschsprachigen Ausgabe:
Fleurus Verlag GmbH, Köln 2004
Alle Rechte vorbehalten
Übersetzung aus dem Französischen: Christoph Arndt
Lektorat der deutschen Ausgabe: Anja Rigi Luperti, Ursula Fethke
© Groupe Fleurus, Paris 2003
Titel der französischen Ausgabe:
Voir l'histoire. Des Olmèques aux Aztèques

ISBN 3-89717-234-8
Printed in Belgium

10 9 8 7 6 5 4 3 2 1

So sind die Seiten aufgebaut...

Ein **einleitender Text** führt in das Thema der Doppelseite ein.

Das Alltagsleben

Die adligen Azteken, die reichen Kaufleute und die bewunderten Krieger leben umgeben von zahlreichen Sklaven in großen Häusern, mitunter gar in Palästen. Sie gehen in ihren Gärten voll duftender Blumen spazieren und treffen sich spätabends zu fröhlichen Banketten. Das Volk dagegen steht früh auf, um seiner täglichen Arbeit nachzugehen.

Zeitgenössische Dokumente und **Bilder** veranschaulichen die unterschiedlichen Lebensaspekte der Völker Mittelamerikas.

Die Kästen enthalten weiterführende Informationen zu bestimmten Themen.

Die fortlaufende **Zeittafel** am unteren Seitenrand gibt in chronologischer Reihenfolge die wichtigsten geschichtlichen Ereignisse wieder, die von der Frühgeschichte bis ins 16. Jahrhundert unsere Welt geprägt haben.

Die **Bildlegenden** erläutern den Zusammenhang zwischen Bild und Text.

 Wörter, die mit einem Sternchen (*) gekennzeichnet sind, sind in den **Worterklärungen** am Ende des Buches erläutert.

 Die **Symbole** in der Chronik helfen, das jeweilige Ereignis einzuordnen:

Politik

Religion

Kriegswesen

Wissenschaft und Technik

Kultur

Architektur

Wirtschaft

Alltagsleben

Geografie

Seuchen und Katastrophen

Inhaltsverzeichnis

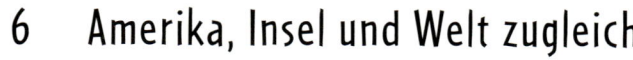

Amerika, Insel und Welt zugleich

Als Christoph Kolumbus die Neue Welt* entdeckt, begegnet er dort jenen Menschen, die schon lange diesen unbekannten Erdteil bewohnen. In der Annahme, er sei im Fernen Osten gelandet, der damals „Ostindien" genannt wird, tauft er sie „Indianer". Dieser Name ist bis heute erhalten geblieben.

Dies ist das vielleicht älteste Porträt von Christoph Kolumbus. Es wurde 1519 von Sebastiano del Piombo gemalt, wenige Jahre nach dem Tod des Seefahrers.

SPUREN DER GESCHICHTE

Woher kommen die Indianer?

Verirrte Volksstämme aus Israel, Chinesen, Polynesier, Bewohner von Atlantis oder gar Außerirdische ... jahrhundertelang versucht man mit den merkwürdigsten Theorien die Besiedelung von Amerika durch den Menschen zu erklären. Inzwischen sind sich die Fachleute weitgehend einig: Die ersten Bewohner kamen zu Fuß über die Beringstraße auf den amerikanischen Kontinent, über jenen Isthmus*, der vor rund 40 000 Jahren Sibirien von Alaska trennte. Tatsächlich lag während der letzten Eiszeit* der Meeresspiegel beträchtlich tiefer als heute und zwischen Asien und Amerika bestand eine richtige Landverbindung. Nach und nach sind die Menschen dann in mehreren Wellen Richtung Süden bis hinunter nach Feuerland vorgedrungen.

Diese Steinspitzen bestehen aus Feuerstein, Obsidian, gelegentlich auch aus Quarz. Sie werden an langen Stecken befestigt und leisten bei der Jagd oder im Krieg wertvolle Dienste.

Die Jäger der Steinzeit

Jahrtausendelang leben die ersten „Amerikaner" wie die prähistorischen Menschen der Alten Welt* in Höhlen oder notdürftigen Behausungen aus Tierhäuten oder Ästen und Zweigen. Auf der Suche nach essbarem Wild durchstreifen sie ständig die Gegend. Sie fertigen Werkzeuge und Waffen aus Knochen und Steinen an, die man an verschiedenen Ausgrabungsstätten findet.

vor 100 000-35 000 Jahren
Der Homo sapiens sapiens, *der moderne Mensch,* erscheint in Afrika. Mit dem Neandertaler verdrängt er allmählich eine ältere, primitivere Rasse. Er breitet sich unaufhaltsam über die Welt aus und gelangt über die Beringstraße nach Amerika.

- 3750-3500 v. Chr.
In Mesopotamien und Ägypten entstehen die ersten Städte. Dies ist der Beginn der großen Städtekulturen. Es ist auch die Bronzezeit im Orient: Dieses Metall wird zunehmend bei der Herstellung von Werkzeugen und Waffen verwendet.

🔵 Die Wiege der Zivilisation

Um 10 000 v. Chr. endet die letzte Eiszeit und die gesamte Erde erwärmt sich wieder. Auch das Klima des amerikanischen Kontinents wandelt sich: Die Gletscher schmelzen ab, Wüsten kommen zum Vorschein und es entstehen tropische Wälder. Amerika erlangt allmählich sein heutiges Aussehen. Riesenhafte Tiere wie das Mammut sterben aus. Die Menschen stellen nun ihre Lebensweise um. Sie entdecken, dass man Wildpflanzen pflücken kann. Mit der Zeit lernen sie, wie man sie in die Erde setzt und erntet: So findet der Anbau von Bohnen, Kürbissen und Mais seinen Ursprung. Die Viehzucht ist ihnen jedoch unbekannt, da sie weder Rinder noch Schafe oder Ziegen besitzen. Nur der Hund, das Lama, die Biene und einige Nagetiere werden bereits vor Ankunft der Europäer domestiziert sein. Im 3. Jahrtausend vor unserer Zeitrechnung erscheinen die ersten Dörfer. Manche davon entwickeln sich in einigen Jahrhunderten zu Städten.

Wie in der Alten Welt* ist das Mammut bis zu seinem Aussterben der wichtigste Nahrungslieferant der prähistorischen Indianer.

Auf dieser 1507 von dem Geografen Martin Waldseemüller gezeichneten Karte erscheint erstmals Amerika. Daneben sieht man Amerigo Vespucci.

DIE PATEN DER NEUEN WELT

Christoph Kolumbus wird um 1451 in Italien geboren. Der hervorragende Seefahrer ist überzeugt, dass man nach Asien gelangen könne, indem man nach Westen segelt, also den Atlantik überquert. Der spanische Königshof beauftragt ihn mit einer Expedition. Am 12. Oktober 1492 erreicht er die Antillen. Kolumbus wird insgesamt vier Reisen unternehmen, ohne zu wissen, dass er einen neuen Erdteil entdeckt hat. Er stirbt 1506. Nach ihm erkunden mehrere Seefahrer die Küsten der Neuen Welt, darunter auch der Italiener Amerigo Vespucci, der in Europa für seine Aufsehen erregenden Reiseberichte berühmt ist. Sein Vorname dient übrigens als Namensgeber für das 1507 erstmals kartografisch verzeichnete Land. Und aus Amerigo wird Amerika.

um 3300 v. Chr.
Die Sumerer erfinden in Mesopotamien die Keilschrift. Ihre nagelförmigen Schriftzeichen stellen die älteste Schrift der Welt dar. Etwas später werden in Ägypten die Hieroglyphen entwickelt, eine Schrift auf der Grundlage stilisierter Bilder.

um 2650 v. Chr.
In Ägypten werden die ersten Pyramiden gebaut. Mit 147 m Höhe ist die des Pharaos Cheops die größte von allen. Sie ist eines der sieben Weltwunder und das eindrucksvollste Bauwerk der Antike.

Ein Mosaik der Völker

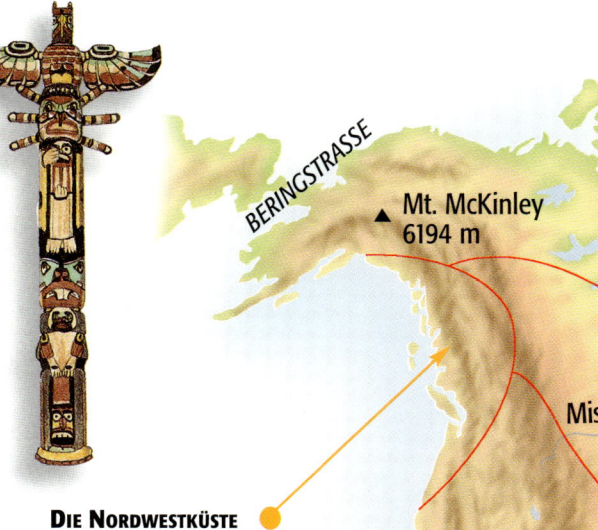

Auf dem riesigen Kontinent Amerika haben zu allen Zeiten verschiedene Völker gelebt, ohne einander je zu begegnen: Fischer in der Arktis und an den Küsten des Pazifiks, Bisonjäger in den Ebenen der Prärien, Bauern in Mittelamerika und Amazonien ... Viele sind Nomaden geblieben oder als Bauern in Dörfern sesshaft geworden, einige haben jedoch richtige Zivilisationen begründet.

BERINGSTRASSE

▲ Mt. McKinley
6194 m

Missouri

Río Grande

GOLF V
MEXIK

PAZIFISCHER
OZEAN

DIE NORDWESTKÜSTE
Entlang der zerklüfteten Küste und auf den vielen tausend bewaldeten Inseln leben Indianerstämme wie die Tlingit oder die Haida. Diese tapferen Fischer sind auch begabte Holzkünstler, die Masken und riesige Totempfähle wie den oben gezeigten schnitzen.

DER WEITE SÜDWESTEN
Berge und Wälder, welche oft verschneit sind, aber auch erschreckend heiße Wüsten prägen das Gesicht dieser wilden und einsamen Region. Sie ist die Wiege mehrerer alter Völker: der Anasazi, der Zuñi sowie ihrer Nachfahren, der Pueblo-Indianer. Zugleich ist sie auch das Territorium der Mimbre- und der Navajo-Indianer und der berühmten Apachen.
(Links: ein verzierter Tonteller der Mimbre-Indianer)

MESOAMERIKA
Das Wort bedeutet „Mittelamerika". Diese Region bringt prächtige Kulturen hervor (Maya, Tolteken, Azteken), die beeindruckende Stufenpyramiden wie den Tempel von Chichén Itzá in Mexiko errichten.

DIE ANDEN
Die Anden zählen zu den höchsten Gebirgsketten der Erde. Dort entstehen mächtige Kulturen wie die der Nazca, der Mochica und der Chimú und vor allem im Hochland das Reich der Inka. Die schönsten Stoffe und Goldschmiedearbeiten des Kontinents stammen aus dieser Gegend.
(Links: ein so genannter Tumi, ein Zeremoniendolch der Chimú aus Peru)

SÜDLICHES SÜDAMERIKA
Die letzten Ausläufer der Andenkette bilden im Pazifik einen wilden Archipel mit der Hauptinsel Feuerland. Östlich des Gebirges liegen die Ebenen Patagoniens und der Pampa. In diesen rauen Gegenden leben die Tehuelche-Indianer, die Yahgan und die scheuen Araukaner.
(Unten: ein Boot der chilenischen Yahgan-Indianer aus Holz und Rinde)

um 2500 v. Chr.
Von Pferden gezogene Streitwagen tauchen im Orient auf. Um 1800 v. Chr. sieht man sie erstmals in Ägypten. Diese Erfindung revolutioniert die taktische Kriegsführung. Später erlauben die Fortschritte in der Reitkunst auch den Einsatz berittener Krieger.

1500 v. Chr.
Dies ist der Beginn der Besiedelung der Inseln Ozeaniens. Mehrere Jahrhunderte lang überqueren mutige Seefahrer aus dem südostasiatischen Raum in kleinen Booten die unermesslichen Weiten des Pazifiks.

DER HOHE NORDEN

Jenseits der dunklen Wälder
Kanadas erstreckt sich die Tundra,
eine fast vegetationslose Kältesteppe. Noch
weiter nördlich trifft man nur noch auf kahle Inseln
und Packeis. In dieser lebensfeindlichen, eisigen Region
fischen und jagen die Eskimos, die sich selbst als „Inuit" bezeichnen.
(Rechts: ein Kajak der Inuit)

DIE WEITEN DER PRÄRIE

In dieser endlosen Landschaft, die früher von hohem Gras bewachsen
war, lebten einst Millionen von Bisons, die Hauptnahrungsquelle der
nomadischen Indianer. Am bekanntesten sind die Cheyenne und
die Sioux. *(Rechts: ein Tipi aus Büffelhaut)*

ATLANTISCHER
OZEAN

DAS LAND DER WÄLDER

In den tiefen Wäldern rings um die Großen Seen
leben die Irokesen und Huronen. Weiter südlich,
in den Sümpfen Floridas, sind die Seminolen
beheimatet. Westlich davon, entlang der Flüsse
Missouri und Mississippi, entfalten sich die
bäuerlichen Gemeinschaften der Adena-, später
die der Hopewell-Kultur. Sie haben gewaltige
Grabhügel hinterlassen. *(Rechts: die Kultmaske
eines irokesischen Medizinmanns)*

KARIBISCHES MEER

KARIBISCHE INSELN

Die Karibischen Inseln oder Antillen sind die Heimat der
Taino, der Arawak und der Furcht erregenden Kariben.
Diesen Kriegern, denen man nachsagt, sie würden
ihre Gefangenen verspeisen, verdanken die Inseln
ihren Namen. Auf einer von ihnen geht Christoph
Kolumbus 1492 an Land. *(Rechts: ein Duho oder
Bestattungssitz der Taino-Indianer auf den Antillen)*

Amazonien

AMAZONIEN

Der Urwald, der einen großen
Teil Südamerikas bedeckt,
heißt „Amazonien", denn einst
glaubte man, dass dort die
sagenhaften kriegerischen
Amazonen lebten. Das Land
am Amazonas wird von den
Tupinamba, den Yanomami,
den Jívaro und noch vielen
anderen Indianerstämmen
bewohnt. Sie sind berühmt für
ihren prächtigen Schmuck und
ihre Gewänder aus Federn.

Paraná

Aconcagua
6959 m

🟩	0 bis 500 m
🟨	500 bis 2000 m
🟧	2000 bis 4000 m
🟫	über 4000 m
—	Kulturgrenzen

Feuer-
land

*Diese Karte zeigt die
geografische Verbreitung einiger Völker Amerikas,
die allerdings zu verschiedenen Zeiten leben.*

---

um 1200 v. Chr.
   *Auf dem amerikanischen Kontinent entstehen die ersten
Zivilisationen: in Mexiko die Kultur der Olmeken und in Peru jene
der Chavín. In den Wäldern Nordamerikas entwickelt sich der
Ackerbau.*

um 1000 v. Chr.
   *Die Phönizier, große Seefahrer und geschickte Kaufleute,
entwickeln die alphabetische Schrift und verbreiten sie im Mittelmeerraum. Aus ihr gehen später das griechische, das etruskische
und das lateinische Alphabet hervor.*

Eine lange Geschichte

Mesoamerika liegt in der Mitte des amerikanischen Kontinents.
Es ist ein Land voller Kontraste, sehr gebirgig und tropisch.
In diesen fruchtbaren Landstrichen errichten indianische Bauern
ihre ersten Dörfer, von denen sich einige zu prächtigen Städten entwickeln.

Die Archäologen unterteilen die Geschichte Mesoamerikas in verschiedene Epochen. Schon in prähistorischer Zeit vollziehen die Indianer den Wechsel von der Großwildjagd zum Ackerbau und errichten Dörfer. In der vorklassischen Zeit entstehen die ersten Städte, Kunst und Religion. In die klassische Zeit fällt die Entwicklung der Hochkulturen in den Bereichen Politik, Wissenschaft und Kunst. Am Ende dieser Periode gehen die Kulturen eine nach der anderen unter. In der nachklassischen Zeit dringen Völker aus dem Norden nach Mesoamerika vor und begründen ihrerseits neue Zivilisationen.

Mesoamerika umfasst den südlichen Teil von Mexiko und den Norden Mittelamerikas, also die heutigen Länder Guatemala, Belize, El Salvador sowie einen Teil von Honduras. Die Berge haben seine charakteristischen Landschaftsformen geprägt: wüstenartige Hochplateaus, fruchtbare Täler, dichte Wälder, unüberwindliche Schluchten und Vulkane. Das Hochland ist die Wiege der meisten großen Zivilisationen Mesoamerikas. Zu beiden Seiten der zwei großen Gebirgszüge, die Mexiko von Norden nach Süden durchqueren, liegen entlang des Meeres weite Ebenen, die oft mit einer tropischen Vegetation (Sümpfe, Urwälder) bedeckt sind; das sind die Tiefebenen. Nach Osten hin erstrecken sie sich fast über ganz Guatemala und die Halbinsel Yucatán. Hier ist das Reich des Dschungels und der undurchdringlichen Buschwälder.

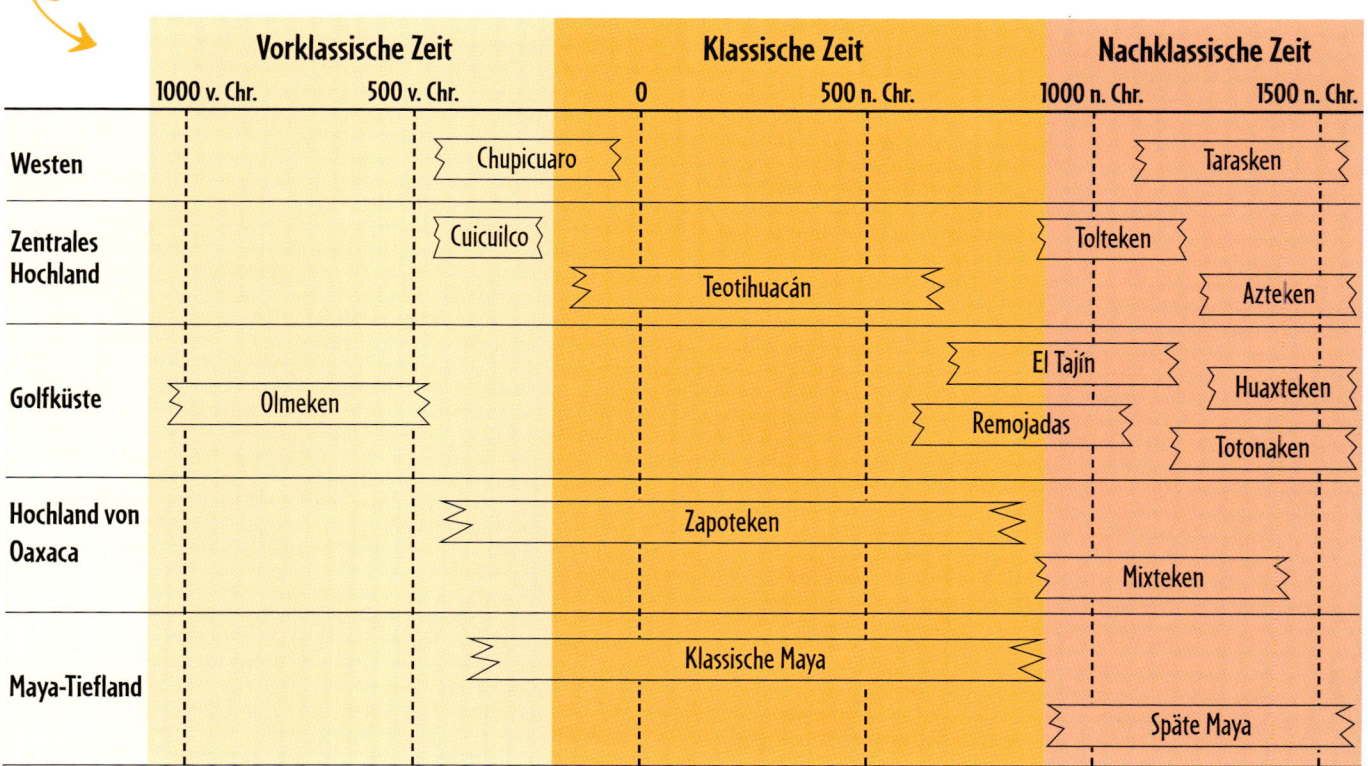

959 v. Chr.
In Jerusalem lässt König Salomo den Tempel errichten, der Jahwe, dem Gott der Hebräer, geweiht wird. Das Königreich Israel erlebt seine Blütezeit. Im Tempel von Jerusalem wird die Bundeslade mit den Gesetzestafeln verwahrt, die Moses von Gott erhielt.

um 800 v. Chr.
Auf dem Palatinhügel werden die ersten Hütten gebaut. Allerdings wird Rom der Sage nach erst 753 v. Chr. von Romulus gegründet. Einige Jahrhunderte später wird die Siedlung die mächtigste Stadt und das Zentrum der antiken Welt sein.

DIE GOLFKÜSTE

In dieser sumpfreichen Tropenregion entstehen zunächst die olmekische Kultur, die älteste Mesoamerikas *(siehe S. 12-13)*, und danach jene von Remojadas und die der Totonaken und Huaxteken *(siehe S. 22-23)*. Von hier aus beginnt Cortés seinen Eroberungsfeldzug in Mexiko.

Kolossalkopf aus Basalt aus olmekischer Zeit

DAS MAYA-TIEFLAND

Guatemala, Belize, El Salvador und Honduras sind größtenteils mit Urwald wie dem in Amazonien bewachsen. Auf der Halbinsel Yucatán lichtet sich dieser Dschungel zu einer trockenen und undurchdringlichen Macchia (Buschwald). Im Zentrum dieser tropischen Pflanzenwelt entsteht die berühmte Mayakultur *(siehe S. 18-21)*.

Würdenträger der Maya auf den Fresken von Bonampak

Die Archäologen haben Mesoamerika in fünf Regionen eingeteilt, die den Einflussbereichen der bedeutendsten Kulturen entsprechen.

Kartenlegende:
- 0 bis 500 m
- 500 bis 2000 m
- 2000 bis 4000 m
- über 4000 m
- Kulturgrenzen
- Heutige Staatsgrenzen

Kartenbeschriftungen:
MEXIKO

GOLF VON MEXIKO

El Tajín · Tula · Teotihuacán · Tenochtitlán (Mexiko-Stadt) · Cholula · Remojadas · Tres Zapotes · La Venta · Monte Albán · San Lorenzo · Mitla · Palenque · Bonampak · Yaxchilán · Becán · Tikal · Mayapán · Uxmal · Chichén Itzá · Tulum · YUCATÁN · BELIZE · Kaminaljuyu · GUATEMALA · Copán · HONDURAS · EL SALVADOR

PAZIFISCHER OZEAN

DER WESTEN

Die Gebirge im Westen Mexikos sind reich an Wäldern und Seen. Diese weite Landschaft ist bis zur Eroberung durch die Spanier vom übrigen Mesoamerika isoliert. Hier ist die Heimat der Chupicuaro-Kultur und der stolzen und grausamen Tarasken, die selbst die Azteken nicht bezwingen können.

Keramik-Hund aus Colima

DAS ZENTRALE HOCHLAND

Im Landesinneren von Mexiko befand sich einst ein großer, von Bergen gesäumter See, der heute nicht mehr existiert. Rings um diesen See entstehen die berühmtesten Kulturen Mesoamerikas: Cuicuilco, Teotihuacán *(siehe S. 14-15)*, die Tolteken *(siehe S. 24-25)* und die Azteken.

Aztekischer Steinkalender aus Mexiko

DAS HOCHLAND VON OAXACA

Diese Region ist von tiefen Schluchten und mehreren breiten Tälern zerfurcht. An diesen abgelegenen Orten sind zwei große Kulturen entstanden: die Zapoteken und die Mixteken *(siehe S. 16-17)*.

Zapotekische Urne aus Monte Albán

🏛 **776 v. Chr.**
In Olympia feiert man die ersten Spiele der griechischen Welt. Sie sollen künftig alle vier Jahre stattfinden. Die Griechen versammeln sich zu Ehren von Zeus. Diese Olympischen Spiele werden 394 n. Chr. unter Kaiser Theodosius I. abgeschafft.

💰 **um 630 v. Chr.**
In Kleinasien wird das Geld erfunden. Im darauf folgenden Jahrhundert dehnt sich seine Verwendung auf Indien, China und den Mittelmeerraum aus, was den Warenverkehr und den Handel begünstigt.

Die Olmeken: die erste Zivilisation

GOLF VON MEXIKO

Tenochtitlán (Mexiko-Stadt)

La Venta

San Lorenzo

PAZIFISCHER OZEAN

Stammesgebiet der Olmeken

Einfluss

Im Tiefland zwischen den heutigen Bundesstaaten Tabasco und Veracruz ist der tropische Urwald von zahlreichen Sümpfen, Flüssen und Inseln durchzogen. Unter dem Einfluss eines feuchtwarmen, ungesunden Klimas entwickelt sich eine gefährliche Tierwelt. In dieser für Menschen lebensfeindlichen Region entsteht um 1200 v. Chr. die olmekische Kultur, die älteste in Mesoamerika.

Der Beginn des Städtebaus

Die olmekische Gesellschaft, welche bis ins 4. Jahrhundert v. Chr. existiert, wird einen beträchtlichen Einfluss auf die nachfolgenden Zivilisationen haben. So sind die Olmeken die Ersten, die richtige Städte bauen, darunter San Lorenzo und La Venta. Letztere, auf einer sumpfigen Insel gelegen, ist heute ein weitläufiger Platz, auf dem so genannte Tumuli* angelegt sind, die früher einmal als Fundamente für inzwischen verschwundene Bauwerke (Tempel oder Paläste) dienten. Alle diese Gebäude sind nach einem zuvor erdachten Plan nach Norden ausgerichtet. Der mächtigste Hügel ist mit 30 m Höhe zugleich die erste Großpyramide in Mesoamerika. Dieser Städtebau ist der Beweis für eine gute Organisation und einen mächtigen Adel, der über eine ergebene Bevölkerung herrschte. 18 000 Menschen dürften in La Venta gelebt haben.

„KAUTSCHUKVOLK"

Das Wort „Olmeken" bedeutet „Kautschukvolk", nach dem Namen jener Substanz, die von dem in dieser Region heimischen Gummibaum abgesondert wird. Erst sehr viel später nannten die Azteken so die Bewohner des Landes, nachdem deren Kultur schon lange untergegangen war. Der wahre Name der Olmeken ist aber nicht überliefert.

Der Jaguarkult

Die Olmeken sind vielleicht auch die Begründer der mesoamerikanischen Religion: Während ihrer Epoche erscheinen jene Gottheiten und Zeremonien, die man später in anderen Kulturen antrifft. Der wichtigste Gott der Olmeken ist zweifellos der Jaguar. Diese gefährliche Raubkatze – die aus dieser Gegend verschwunden ist – war damals der König des Dschungels. Sie verkörpert die Gottheit der Nacht, der geheimnisvollen Höhlen und der Fruchtbarkeit. Zahlreiche olmekische Skulpturen stellen Personen dar, die zugleich Mensch und Jaguar sind, wie diese Babyfigürchen mit einem Katzenmaul *(siehe links)*.

um 560 v. Chr.
Geburt des Prinzen Siddharta Gautama in Nordindien, besser bekannt unter dem Namen Buddha („der Erleuchtete"). Er ist der Begründer des Buddhismus, der sich nach dem Tod Buddhas in Asien verbreitet.

um 500 v. Chr.
Die Kelten, kriegerische Volksstämme aus Mitteleuropa und ausgezeichnete Schmiede, dringen nach Gallien (heute Frankreich), Britannien und auf die Iberische Halbinsel vor. Die Kelten werden sich bis Rom und noch weiter in den Orient vorwagen.

Eine monumentale Skulptur

Die Olmeken fertigen dutzende monumentale Steinbilder an – Stelen*, Altäre, Menschen- und Tierdarstellungen –, die sich alle in die Architektur der Städte einfügen und auf den Plätzen oder am Fuße der Tumuli aufgestellt werden. Die berühmtesten dieser Skulpturen sind die „Kolossalköpfe". Trotz ihrer starken Ähnlichkeit weisen sie gewisse Unterschiede auf und stellen wahrscheinlich die Häuptlinge der Städte dar. Der höchste misst über 2,50 m und wiegt 20 Tonnen. Wie alle olmekischen Skulpturen wurde er aus einem einzigen Basaltblock gehauen.

Kunst bei den Olmeken

Die Olmeken sind Meister in der Kunst der Steinbearbeitung. Sie bearbeiten Jade, Schlangenstein, Jadeit, Obsidian, Hämatit ... und fertigen daraus hunderte von Gegenständen: Statuetten, Beile, Schmuckstücke, Spiegel, Masken und sogar Mosaike mit stilisierten Jaguarmäulern. Diese herrlichen Dinge werden als Opfergaben an die Götter vergraben oder bei religiösen Zeremonien in die Gräber der Adligen und Priester gelegt. Wie es scheint, sind sie nicht für die Augen der Lebenden bestimmt.

> ### DER STEIN AUS DEN HÜGELN VON TUXTLA
>
> *Die eindrucksvollen olmekischen Skulpturen bestehen aus Basalt, einem vulkanischen Gestein, das nur im Bergland von Tuxtla im Zentrum des Olmekengebiets vorkommt. Da es in den Sümpfen und Wäldern keine Steine gibt, begeben sich die Olmeken in diese Gegend, wo sie gewaltige Blöcke aus dem Fels schlagen, die sie dann über viele Kilometer zu Fuß oder auf Flößen bis zu ihren Städten transportieren.*

Trotz ihrer Ähnlichkeit unterscheiden sich die steinernen Kolossalköpfe durch die Kopfbedeckung, den Ohrschmuck und sogar durch die Gesichtszüge.

490 v. Chr.
Der persische König Darius versucht in Griechenland einzumarschieren (1. Perserkrieg), wird jedoch bei Marathon geschlagen. Ein griechischer Soldat wird zu Fuß mit der Siegesmeldung nach Athen entsendet ... der erste Marathonlauf in der Geschichte!

460-377 v. Chr.
Lebensdaten des griechischen Arztes Hippokrates. Er gilt als Begründer der heutigen Medizin. Noch heute schwören alle Ärzte den Eid des Hippokrates.

Teotihuacán, die „Stadt der Götter"

50 km nordöstlich von Tenochtitlán erheben sich die majestätischen Ruinen einer riesenhaften Stadt: Teotihuacán, die größte Stadt auf dem amerikanischen Kontinent zwischen dem 3. und 7. Jahrhundert. Als die Azteken die verlassene Stadt im 14. Jahrhundert entdecken, glauben sie, dass die Götter sie erbaut haben, und nennen sie die „Stadt der Götter".

GOLF VON MEXIKO

Teotihuacán

Tenochtitlán (Mexiko-Stadt)

PAZIFISCHER OZEAN

■ Einflussbereich von Teotihuacán

→ Einflussrichtung

● Eine monumentale Architektur

Seit ihrer Gründung kurz vor Beginn der christlichen Zeitrechnung entsteht Teotihuacán nach einem präzisen Plan. Beiderseits der rund 4 km langen „Straße der Toten" stehen Paläste, Tempel sowie zwei beeindruckende Pyramiden: die 42 m hohe Mondpyramide und die Sonnenpyramide, welche zur untergehenden Sonne, zum Land der Toten hin, ausgerichtet ist. Dieses Bauwerk, eines der größten aus der vorkolumbianischen Epoche, ist sogar 63 m hoch. Rings um diese Gebäude liegen die Wohn- und Handwerksviertel sowie die Bereiche für Verwaltung und Religion. Teotihuacán ist eine richtige Stadt, die sich über eine Fläche von fast 25 km² erstreckt und zu ihrer Blütezeit im 6. Jahrhundert mehr als 100 000 Einwohner zählt.

An der Mondpyramide beginnt die „Straße der Toten". Hinten erhebt sich majestätisch die Sonnenpyramide. Rings um diese Monumente erstreckte sich einst die große Stadt.

450 v. Chr.
Der Grieche Herodot, der als „Vater" der Geografie und Geschichtsschreibung gilt, bereist Griechenland, Italien und Ägypten. Seine Berichte enthalten eine Fülle von Informationen über das Leben im Alltag, Sitten, Glaubensinhalte und Geografie.

432 v. Chr.
Der Parthenon, Haupttempel der Akropolis in Athen, ist fertig gestellt. Er ist Athene geweiht, der Schutzgöttin der Stadt. Die klassische Zeit erreicht in Griechenland ihren Höhepunkt. Athen ist die mächtigste Stadt Griechenlands.

Ein Reich der Religion ...

Teotihuacán ist zuallererst eine religiöse Stadt, ohne Zweifel die bedeutendste in Mesoamerika, deren Einfluss bis zu den fernen Maya spürbar ist. Aus allen Richtungen kommen Pilger, um hier zu beten. Die Höhle, welche die Archäologen im Inneren der Sonnenpyramide entdeckt haben, war vermutlich der heiligste Ort in diesem „Rom" der Neuen Welt*. An den Wänden der Paläste und Tempel, den Stätten des Gebets, finden sich bildhafte Darstellungen von Gottheiten. So zeigt der Zierfries an der Fassade der Quetzalcoatl-Pyramide – eine der besterhaltenen – den Regengott Tlaloc, den man an den zwei Kreisen erkennt, die seine Augen schmücken. Daneben sieht man Quetzalcoatl, die gefiederte Schlange, den Gott der Kultur *(siehe S. 56)*. Er gehört zu den höchstverehrten Gottheiten Mesoamerikas.

Die berühmteste Wandmalerei aus Teotihuacán, das „Paradies des Regengottes Tlaloc", zeigt einen Ort mit Wasser und Pflanzen, wo glückliche Menschen baden, Blumen pflücken, Schmetterlinge jagen oder mit Ball und Seil spielen. Fast alle singen, wie die Bänder vor ihren Mündern zeigen.

... und des Handels

In dieser riesigen Stadt fertigen tausende von Handwerkern Schmuckstücke und Töpferwaren an, vor allem aber befassen sie sich mit der Obsidianbearbeitung. Aus diesem vulkanischen, dem Silex* verwandten Stein stellen die Menschen Werkzeuge, Waffen und Zierrat her. Teotihuacán kontrolliert die Obsidianminen und den Handel mit ihm in Mexiko, die Quelle von Macht und Reichtum. Sie wird die Hauptstadt eines Handelsreichs, wo eine Vielzahl von Objekten getauscht werden, von denen einige auch außerhalb der Grenzen Mesoamerikas gefunden wurden.

Das Weihrauchgefäß ist ein Behälter mit reich verziertem Deckel. Darauf sieht man stets ein von Federbüschen, Papierschleifen und verschiedenen Ornamenten umrahmtes Gesicht. In solchen Gefäßen werden vermutlich Düfte oder wohl riechende Gegenstände für religiöse Zeremonien verwahrt.

Der Fall Teotihuacáns

Nach einer mehrere Jahrhunderte währenden Herrschaft über Mesoamerika erlebt Teotihuacán gegen Ende des 6. Jahrhunderts eine Phase des Niedergangs. Um 650 wird die Stadt durch eine Feuersbrunst verwüstet. Manche Archäologen glauben, dass diese Katastrophe möglicherweise durch Kriege zwischen Adligen oder durch Volksaufstände heraufbeschworen wurde. Zu Beginn des 8. Jahrhunderts wird die Stadt aufgegeben. Welche Sprache ihre Einwohner sprachen, ist bis heute nicht bekannt.

334 v. Chr.
Alexander der Große bricht zur Unterwerfung des Orients auf. Nach der Eroberung Kleinasiens (der heutigen Türkei), Ägyptens, Mesopotamiens und Persiens wird ihn sein Feldzug bis an die Grenzen Indiens führen. Er stirbt 323 v. Chr. in Babylon, gerade 33 Jahre alt.

um 310 v. Chr.
In Indien gründet König Chandragupta Maurya ein riesiges Reich. Sein Sohn Aschoka erobert fast ganz Indien und tritt zum Buddhismus über. Die Dynastie der Maurya herrscht bis 184 v. Chr.

Die Wolken-menschen

Im Herzen des Hochlands von Oaxaca erblühen die zapotekische und die mixtekische Kultur. Diese beiden Völker sind aus den nebelverhangenen Bergen gekommen. Daher nennen sie sich selbst „Wolkenmenschen".

GOLF VON MEXIKO

Tenochtitlán (Mexiko-Stadt) Oaxaca
Mitla
Monte Albán

PAZIFISCHER OZEAN

■ Stammesgebiet der Zapoteken und Mixteken

● Die Zapoteken, eine große städtische Kultur

Um 300 v. Chr. beschließen die im größten Tal des Hochlands von Oaxaca lebenden zapotekischen Stämme eine Vereinigung ihrer Völker. Auf dem Gipfel eines imposanten Hügels gründen sie eine Stadt, Monte Albán. Zu ihrer Blütezeit im 7. Jahrhundert n. Chr. hat die Hauptstadt der Zapoteken fast 30 000 Einwohner und ihr Gebiet reicht vermutlich bis an die Grenzen des Reichs von Teotihuacán. Nach ihrem Aufstieg zu einer der wichtigsten Siedlungen Mesoamerikas erlebt die Stadt ab 700 einen Verfall. Sie wird von ihren Bewohnern allmählich aufgegeben und ist seitdem eine Nekropole*.

RÄTSELHAFTE „TÄNZER"

Im 19. Jahrhundert fördern die Forscher bei Monte Albán gravierte Stelen* zutage, welche nackte Personen mit offenem Mund und geschlossenen Augen darstellen. Einige sind verstümmelt und aus ihren Wunden läuft Blut. Zunächst werden sie als „Danzantes" bezeichnet, denn man glaubt, es handele sich um Tänzer; dann aber werden sie als Gefangene oder Tote identifiziert – Symbole der durch das Volk aus Monte Albán eroberten Städte. Bei jedem Tänzer finden sich geometrische Zeichen: Es handelt sich um Schriftzeichen, die ältesten Mesoamerikas. So haben die Zapoteken durch die Schilderung ihrer Eroberungen die Schrift in Amerika erfunden.

um 300 v. Chr.
Die zapotekischen Feudalherren einigen sich und bauen ihre Hauptstadt auf einem hohen Hügel im Herzen des Hochlands von Oaxaca. Monte Albán wird die erste Großstadt Mesoamerikas.

um 300 v. Chr.
In den nördlichen und westlichen Provinzen Chinas errichtet man Mauern, um das Land vor den Steppenvölkern zu schützen. Unter Kaiser Qin Shi Huangdi werden diese Befestigungsanlagen um 221 v. Chr. verbunden; dies ist der Beginn der Chinesischen Mauer.

🔵 Wertvolle Grabbeigaben

Die Archäologen haben bei Monte Albán zahlreiche Gräber entdeckt, welche unter den Häusern ausgehöhlt wurden, damit die Bewohner ihre Toten ganz in ihrer Nähe behalten konnten. Die Gräber wichtiger Persönlichkeiten waren große unterirdische Kammern, zu denen man über eine Treppe hinabgelangte. Bei manchen waren die Wände mit Malereien verziert und sie enthielten kostbare Gegenstände: Edelsteine, Töpferwaren und „Graburnen". Diese Gefäße aus gebranntem Ton in Form eines sitzenden Menschen waren teilweise reich bemalt und verziert. Über die genaue Funktion dieser Gegenstände, die fast immer leer aufgefunden wurden, ist nichts bekannt.

Das Grab Nr. 104 zählt zu den schönsten von Monte Albán. Seine Wände sind bemalt. Am Boden liegt das von Urnen und Tongefäßen umgebene Skelett.

🟢 Die Mixteken – Krieger und Goldschmiede

Um das 10. Jahrhundert breiten sich die aus den Bergen im Westen eingewanderten Mixteken über das Hochtal von Oaxaca aus und drängen die Zapoteken in östlicher Richtung zurück. Ihre Kultur ist geprägt von kriegerischen, rivalisierenden Feudalherren, denen eine friedliche Einigung nie gelingt und die im 15. Jahrhundert die Invasion der Azteken erdulden müssen. Als geschickte Handwerker stellen die Mixteken bunte Keramiken her. Sie sind berühmt für ihre Goldschmiedekunst wie etwa diesen Brustharnisch, der im Grab Nr. 7 bei Monte Albán entdeckt wurde. Er ist mit Kalendersymbolen verziert.

Das kultische Zentrum von Monte Albán ist ein heiliger Ort, zu dem das Volk wahrscheinlich keinen Zutritt hatte. Es besteht aus einem zentralen Platz, der von Pyramiden, Tempeln und Palästen gesäumt ist. Ringsum an den Hängen des Hügels liegen die Wohnviertel.

PRINZ ACHT-HIRSCH-JAGUARKRALLE

Dem Brauch zufolge trägt Acht-Hirsch den Namen seines Geburtstags (er wurde 1011 geboren). Als Sohn eines Adligen aus Tilantongo verbringt er sein Leben damit, gegen die anderen mixtekischen Häuptlinge Krieg zu führen, seine Rivalen zu töten oder zu opfern, ihre Witwen zu ehelichen oder sie seinen Söhnen zur Frau zu geben. In rund drei Jahrzehnten dehnt Acht-Hirsch seinen Machtbereich bis zum Pazifik aus. Sein Mut und seine Siege gestatten ihm, einen zweiten Namen zu tragen, der berühmt bleiben wird: Jaguarkralle. Im Jahr 1063 wird er jedoch nach einer militärischen Niederlage selbst geopfert. Das Leben von Acht-Hirsch-Jaguarkralle wird in einer berühmten mixtekischen Handschrift erzählt: dem Codex Nuttall.

um 290 v. Chr.
Bei Alexandria, einer der von Alexander dem Großen in Ägypten gegründeten Städte, entsteht ein gewaltiger Leuchtturm. Er ist 135 m hoch und gilt als eines der sieben Weltwunder. Durch ein Erdbeben im 14. Jahrhundert wird er zerstört.

264-146 v. Chr.
Römer und Karthager kämpfen in den drei Punischen Kriegen gegeneinander. Rom geht aus diesem langen Konflikt als Sieger hervor und beherrscht nun den westlichen Mittelmeerraum.

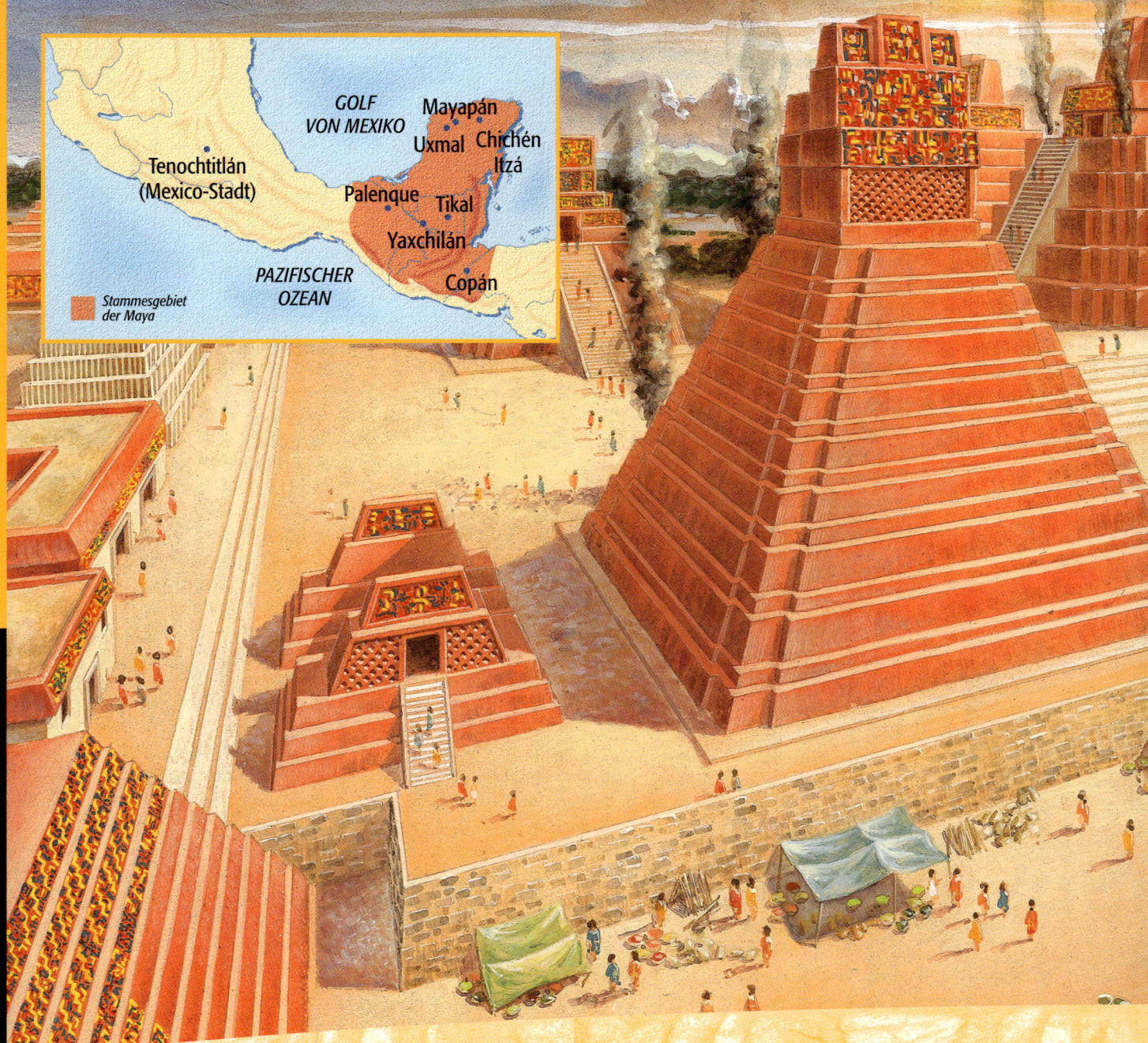

Die Maya,
Blütezeit der Städtekultur

Die Kultur der Maya zählt zu den herausragendsten in der Geschichte Mesoamerikas.
Die Maya erreichen in den Künsten, der Schrift, der Himmelsbeobachtung und der Mathematik
ein bis dahin ungekanntes Niveau. Außerdem bauen sie prächtige Städte,
die man heute noch bewundern kann.

GOLF VON MEXIKO
Mayapán
Uxmal
Chichén Itzá
Tenochtitlán (Mexico-Stadt)
Palenque
Tikal
Yaxchilán
Copán
PAZIFISCHER OZEAN

Stammesgebiet der Maya

212 v. Chr.
Der große Mathematiker Archimedes wird bei der Eroberung von Syrakus getötet. Dank seiner Kriegsmaschinen hatte die Stadt mehr als drei Jahre lang den Römern Widerstand leisten können ...

150 v. Chr.
Die Bibel (Altes Testament) wird erstmals ins Griechische übersetzt. Es handelt sich dabei um die so genannte Septuaginta. Der Überlieferung nach wurde die Übersetzung von 72 Rabbinern aus Alexandria in 72 Tagen angefertigt.

Ein riesiges Gebiet mit einer alten Geschichte

Die Mayakultur entfaltet sich in der Tiefebene im Osten Mesoamerikas, in den Urwäldern und Sümpfen von Chiapas (Mexiko), Honduras, Belize, Guatemala und El Salvador. Sie erscheint zu Beginn der christlichen Zeitrechnung und erlebt eine tausendjährige Blütezeit.

Ab dem 9. Jahrhundert werden die Mayastädte eine nach der anderen aufgegeben, zum Teil sogar zerstört. Die genauen Ursachen für diesen Verfall liegen noch im Dunkeln. In weniger als einem Jahrhundert hat der Dschungel ihre herrlichen Bauwerke überwuchert. Trotzdem geht die Kultur der Maya nicht unter, sondern verlagert sich nordwärts in die trockenen Wälder Yucatáns. Neue Städte wie Chichén Itzá, Uxmal oder Mayapán werden gegründet und entwickeln sich. Dennoch sind auch sie schon vor der Ankunft der Spanier fast alle verlassen.

Tikal, eine Metropole

Von allen bekannten Städten der Maya – Copán (Honduras), Yaxchilán, Palenque, Chichén Itzá, Tulum (Mexiko) und anderen – ist Tikal in Guatemala zweifellos die größte. Sie ist eine richtige Metropole mit einer Fläche von mehreren Quadratkilometern und beherbergt ungefähr 50 000 Menschen. Wie alle Mayastädte ist Tikal um ein zeremonielles Zentrum herum gebaut. Dies ist der wahre Mittelpunkt der Stadt, wo die wichtigsten Bauwerke vereint sind: Pyramiden, Tempel, Paläste, Plätze, monumentale Stelen* und heilige Straßen. Dort leben aber nur der Adel und die Priester. Die Bauern, Händler und Handwerker wohnen außerhalb des Zentrums in Hütten, die um kleine Tempel herum gruppiert stehen. Lässt man das Herz der Stadt hinter sich, so werden die Häuser erst von den Feldern und bald darauf vom Dschungel abgelöst – ein unmerklicher Übergang von der Zivilisation in den Urwald.

Der Krieg der Stadtstaaten

Trotz einer gemeinsamen Kultur ist die Welt der Maya keineswegs unter der Leitung einer Hauptstadt vereinigt, sondern in mehrere Stadtstaaten zergliedert, die ihr jeweiliges Territorium eifersüchtig bewachen, was ständige Konflikte heraufbeschwört. Diese Kultur der Maya, die man für friedlich hielt und von der man glaubte, sie würde sich gänzlich der Religion und der Sternbeobachtung widmen, war in Wirklichkeit sehr kriegerisch!

Die Stadt Tikal ist von den Archäologen in langen Jahren gründlich erforscht worden. Sie haben eindrucksvolle Ruinen wie die gewaltige Jaguar-Pyramide (rechts) freigelegt, die mit 48 m Höhe den Urwald deutlich überragt. Dank archäologischer Forschungen ließ sich die Stadt so rekonstruieren, wie sie zu ihrer Blütezeit einst aussah (links).

um 100 v. Chr.
In Mesoamerika entsteht ein kleines Dorf: Teotihuacán, das sich zwischen dem 3. und 7. Jahrhundert zur größten Stadt Amerikas entwickeln wird. Die „Stadt der Götter", wie die Azteken sie nennen, wird von der 63 m hohen Sonnen- und der Mondpyramide beherrscht.

um 50 v. Chr.
Römische Quellen berichten, dass die germanischen und keltischen Stämme Bier trinken. Der damalige Gerstensaft ist bitter und schäumt nur leicht. Das Brauen ist noch Aufgabe der Frauen und wird nicht als Handwerk betrieben.

🫛 Die Sterndeuter

Als hervorragende Astronomen beobachten die Maya schon seit Jahrhunderten den Himmel und die Bewegungen der Sterne. Dank ihrer klugen Berechnungen können sie Sonnenfinsternisse und das Erscheinen der Sternbilder voraussagen. Dieses Wissen hat vor allem einen religiösen Zweck: Es dient dazu, die Zukunft und den Willen der Götter zu entschlüsseln. Alle diese Kenntnisse sind in Büchern zusammengefasst: den Codices.

Fast alle Bücher der Maya werden von den spanischen Missionaren* verbrannt, die sie als Teufelswerk verurteilen. Nur einige wenige können vor den Flammen gerettet werden. Bei den Codices handelt es sich um lange Streifen aus Papier oder Haut, die wie eine Ziehharmonika gefaltet und mit Kalk oder Gips bestrichen sind, damit der Schreiber Bilder darauf malen kann.

Der Codex Madridensis, benannt nach seinem Aufbewahrungsort in der spanischen Hauptstadt, zählt zu den wenigen erhaltenen Handschriften der Maya. Dieser Codex diente den Priestern zur Deutung der Zukunft und zur Vorbereitung von Zeremonien.

🫘 Die Schrift der Maya

Die Schrift spielt in der Kultur der Maya eine überaus wichtige Rolle, denn man begegnet ihr auf den meisten Stelen* in den Städten, auf zahlreichen Gefäßen in den Gräbern sowie in den Codices. Die Mayaschrift ist nicht die älteste von Mesoamerika, aber dafür die vielschichtigste. Die Schriftzeichen bestehen aus stark stilisierten Bildsymbolen, welche Gesichter und Tiere darstellen und deren Form abhängig von der Grammatik wechselt. Ihre Entzifferung gestaltet sich sehr schwierig. Lange Zeit dachte man, diese Schrift wäre ausschließlich für astronomische Berechnungen oder religiöse Zwecke benutzt worden. Inzwischen weiß man, dass viele Texte vom Leben und von den Eroberungen der Könige handeln.

Viele Zeremoniengefäße der Maya stammen aus reichen Gräbern. Oft sind sie mit mythologischen Szenen verziert.

38 v. Chr.
Die Ubier werden von den Römern am linken Rheinufer angesiedelt: Sie sollen eine Pufferzone gegen andere einfallende Germanen bilden. Später plant Kaiser Augustus die Eroberung Germaniens, doch nach der Varusschlacht (9 n. Chr.) gibt er den Plan wieder auf.

30 v. Chr.
Kleopatra, die große ägyptische Königin, hatte versucht, die Vorherrschaft ihres Landes im östlichen Mittelmeerraum wiederherzustellen. Von den Römern besiegt, begeht sie Selbstmord, indem sie sich von einer Giftschlange beißen lässt.

DIE ZAHLEN DER MAYA

Zum Zählen verwenden die Maya nicht unser Dezimalsystem (von 0 bis 10), sondern das Vigesimalsystem (von 0 bis 20). Ihre Ziffern sind Punkte und Striche, wobei ein Strich fünf Punkten entspricht. Die Maya kennen auch die Null, die sie als Muschel darstellen.

0	1	5	18	20

Der Tempel der Inschriften in Palenque heißt so, weil er mit großen Steinplatten voller Schriftzeichen verziert ist. Im Inneren der Pyramide befindet sich das Grab von König Pacal „Jaguar-Schild".

● Die Berechnung der Zeit

Die Maya sind zudem ausgezeichnete Mathematiker. Sie haben Verfahren entwickelt, mit deren Hilfe sie die Zeit bis in die Ewigkeit berechnen können. Die Daten der Maya, die man auf den Stelen findet, gehören zu den präzisesten der Welt. Sie bestehen aus Zeitperioden von mitunter beträchtlicher Dauer, die alle bei einem Ursprungsdatum Null beginnen, welches dem Jahr 3113 v. Chr. entspricht.

Wie die übrigen Völker Mesoamerikas haben die Maya zwei Kalender. Diese sind hochkompliziert und nur die Priester können sie erklären. Der erste, der wie unserer 365 Tage hat, findet im Alltagsleben Verwendung. Man zählt 18 Monate mit je 20 Tagen plus eine Phase von fünf so genannten Unglückstagen. Der zweite mit 260 Tagen hat eine religiöse Funktion. Mit ihm kann man die Zukunft vorhersagen und jene Tage bestimmen, die für die großen Ereignisse der Stadt (Krönungszeremonien, Kriegserklärungen usw.) günstig sind.

um 6 v. Chr.
Geburt von Jesus Christus in Bethlehem, Palästina – einige Jahre vor dem Beginn der christlichen Zeitrechnung. Mit 33 Jahren wird man ihn in Jerusalem kreuzigen. Sein Tod markiert den Beginn des Christentums, das sich über das Römische Reich ausbreiten wird.

64
Ein zufällig ausgebrochener Brand legt Rom in Schutt und Asche. Kaiser Nero, den man der Brandstiftung in seiner Hauptstadt verdächtigt, beschuldigt die Christen. Dies ist der Beginn der Verfolgungen, die in der Ermordung des Apostels Petrus, des ersten Papstes, gipfeln.

Im Land von Tlaloc

Die Küste des Golfs von Mexiko ist das Land der Tropenwälder und Wirbelstürme. Für die mexikanischen Ureinwohner ist es das Paradies von Tlaloc, dem Gott des Regens und der Unwetter. In diesem Gebiet zwischen dem Meer und der östlichen Sierra Madre sind Zivilisationen entstanden, die sich ihr Geheimnis bewahrt haben.

GOLF VON MEXIKO

El Tajín
Tenochtitlán (Mexiko-Stadt)

PAZIFISCHER OZEAN

Stammesgebiet der Totonaken und Huaxteken

🔴 Die Völker der Tiefebene

Im Bundesstaat Veracruz, im Norden des Olmekenlands, leben nacheinander zwei verschiedene Völker, über die kaum etwas bekannt ist: die Totonaken und die Huaxteken. Den Totonaken werden die Kunst- und Bauwerke in dieser Region zugeschrieben, beispielsweise die große Stadt El Tajín und die berühmten „lächelnden Köpfe", die zwischen dem 7. und 10. Jahrhundert entstanden sind und deren Funktion nach wie vor rätselhaft ist. Bei ihrer Ankunft in Mexiko treffen die spanischen Eroberer auf die Totonaken.

Weiter nördlich entlang der Küste, an der Grenze Mesoamerikas, entwickeln die Huaxteken erst ziemlich spät im 10. Jahrhundert unter dem toltekischen Einfluss ihre Kultur. Sie stehen im Ruf, bei den Sitten recht freizügig zu sein, was die Azteken empörend finden. Ihre Skulpturen stellen häufig nackte junge Männer dar, eine Ausnahme in der mesoamerikanischen Kunst. Eine ihrer wichtigsten Gottheiten ist Tlazolteotl, die Göttin der Liebe und der Sünde. Die Nachfahren der Totonaken und Huaxteken leben bis heute in dieser Region.

79
Bei einem sehr heftigen Ausbruch zerstört der Vesuv die Städte Pompeji, Herculaneum und Stabiae im Süden Italiens. Die unter der Vulkanasche bestens erhaltenen Ruinen werden Ende des 18. Jahrhunderts entdeckt.

um 100
In China entwickelt sich der Gebrauch des Papiers. Um 750 taucht es in der arabischen Welt auf und erst im 13. und 14. Jahrhundert tritt es seinen Siegeszug in Europa an.

🔵 El Tajín und die Nischenpyramide

Nördlich von Veracruz, einer von den Spaniern gegründeten Stadt, stößt man im Urwald auf die Ruinen einer großen vorkolumbianischen Siedlung, die heute El Tajín heißt. Sie war vermutlich vom 7. bis 12. Jahrhundert die Hauptstadt dieser Region. Im Zentrum der Stadt erhebt sich zwischen den Tempeln und Palästen die „Nischenpyramide". Wie der Großteil der Monumente Mesoamerikas besteht auch diese Pyramide aus mehreren Stockwerken. Hier beherbergen die sechs Stufen 365 „Nischen" – so viele, wie das Jahr Tage hat. Sie sind für die Aufnahme von Opfergaben und Skulpturen bestimmt und stehen den Archäologen zufolge mit den Festtagen des Kalenders in Zusammenhang.

🟢 Das Ballspiel

In der Stadt El Tajín hat man elf lange, schmale und von Mauern gesäumte Plätze entdeckt. Hier handelt es sich um Spielfelder, auf denen sich Mannschaften gegenseitig einen Ball zuwerfen. Dieses ziemlich raue Spiel, das zu zahlreichen Unfällen führt, ist in Mexiko weit verbreitet und auch die Azteken spielen es gern *(siehe S. 36-37)*. Bei ihrer Eroberung lernen die Spanier diesen Brauch kennen; fasziniert sind sie jedoch vor allem davon, wie federnd die Bälle aus Kautschuk abprallen, einem bis dahin in Europa unbekannten Material. Das Ballspiel ist ein Ritual, bei dem oft Menschenopfer zelebriert werden. Auf dem Flachrelief des Hauptfelds von El Tajín ist der gewaltsame Tod des Spielführers der besiegten Mannschaft dargestellt: Man schneidet ihm mit einem Messer das Herz heraus!

GLÜCKLICHE TOTONAKEN

Die Archäologen haben Gegenstände in Tiergestalt (Hunde, Alligatoren usw.) mit Rädern entdeckt! Dieser Fund ist umso rätselhafter, wenn man weiß, dass die Indianer keine Zugtiere besaßen und daher das Rad nicht benutzten; vielmehr transportierten sie bis zur Eroberung durch die Spanier alles auf dem Rücken. Bei diesen Objekten dürfte es sich also um einfache Kinderspielzeuge handeln!

🌐 **um 150**
Die Chinesen eröffnen die Seidenstraße. Dieser lange und gefahrvolle Weg führt von China aus über die Gebirge Zentralasiens und die Wüsten des Orients bis zum Mittelmeer. Über ihn gelangen erstmals Stoffe und Porzellan aus Asien nach Westeuropa.

🌐 **151**
Der griechische Astronom Ptolemäus verfasst seinen Almagest, ein astronomisches Handbuch, das von den Arabern im 8. Jahrhundert wiederentdeckt und übersetzt wird. Die Theorien von Ptolemäus werden im 16. Jahrhundert in Zweifel gezogen.

Die Tolteken, „Volk der Götter"

Für die Azteken ist das toltekische Volk der kulturelle Vorfahr, dem sie die Segnungen der Technik, der Wissenschaft und der Religion verdanken. Sein König ist zugleich der Hohepriester, der berühmte Gott Quetzalcoatl. In der Sprache der Azteken bedeutet der Name Tolteken „Volk der Götter".

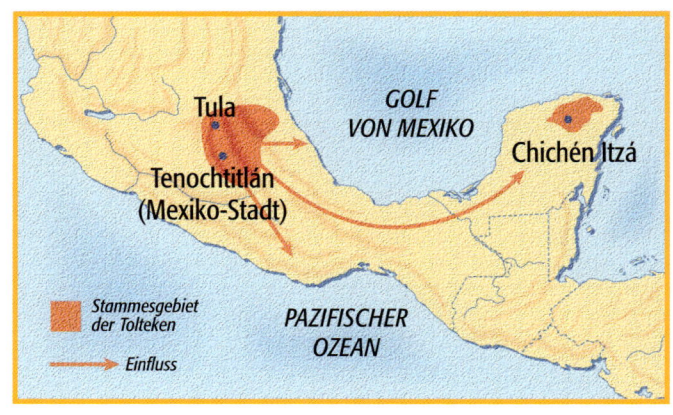

Stammesgebiet der Tolteken

→ Einfluss

Tula

Tenochtitlán (Mexiko-Stadt)

GOLF VON MEXIKO

Chichén Itzá

PAZIFISCHER OZEAN

🔵 Die Legende vom Gottkönig Quetzalcoatl

Als König und Hohepriester der Tolteken ist er die gefiederte Schlange, der Schöpfergott der Künste, der Wissenschaften und der Schrift. Quetzalcoatl hatte einen Feind, den schrecklichen Zaubergott Tezcatlipoca. Dieser wollte den Platz des Königs einnehmen. Er lud ihn zum Essen ein und verleitete ihn zum Trinken. Betrunken und splitternackt kehrte Quetzalcoatl nach Hause zurück. Nun ist freilich bei den Tolteken die Nacktheit ein schwerwiegender Verstoß gegen die Sittlichkeit. Deshalb wurde er von seinem Volk davongejagt und wanderte ostwärts bis ans Meer. Dort errichtete er einen gewaltigen Scheiterhaufen, in den er sich hineinstürzte und so zum Morgenstern wurde. Einer anderen Sage nach baute er ein Boot, um das Meer zu überqueren, und schwor, dass er einst zurückkommen würde. Als Hernán Cortés in Mexiko landet, glauben die Azteken ihn wiederzuerkennen *(siehe S. 68-69)*...

Rechts erkennt man Quetzalcoatl. Ihm gegenüber steht sein Rivale Tezcatlipoca. An seinem Fuß sieht man einen rauchenden Spiegel, ein Symbol für seine Zauberkräfte. Zwischen den beiden Göttern symbolisieren Pfeile und ein Schild den Krieg.

212
Als das Römische Reich eine Blütezeit erlebt, werden alle seine freien Einwohner durch die Constitutio Antoniniana des Caracalla zu römischen Bürgern erklärt. Dies ist ein Schlüsseldatum für die Reichseinheit.

um 250
Die erste germanische Völkerwanderung erreicht ihren Höhepunkt. Die mitteleuropäischen Stämme (Markomannen, Alemannen) wurden von aus dem Osten hereindrängenden Stämmen (Goten) aus ihren Siedlungsgebieten vertrieben.

🫒 Die historische Wahrheit

Für die Azteken waren sie Weise und Denker, doch in Wirklichkeit sind die Tolteken nur einer von vielen wilden Stämmen, die ab dem 10. Jahrhundert in Mesoamerika einfallen. Sie lassen sich unweit der Ruinen von Teotihuacán nieder und übernehmen das Erbe der prachtvollen Stadt. Die Tolteken machen sich die Kenntnisse der klassischen Kulturen zu Eigen und werden ein mächtiges Volk. Ihr Einflussbereich dehnt sich aus und reicht bis zu den fernen Maya nach Yucatán.

KRIEGE UND MENSCHENOPFER

Kriege und Menschenopfer hat es immer schon in Mesoamerika gegeben, aber mit der toltekischen Kultur nimmt ihre Häufigkeit stark zu. In der Tat haben die Archäologen auf toltekischen Flachreliefs zahlreiche Darstellungen von Kriegern und Opfern entdeckt. Am berühmtesten sind die „Adlerfriese", die man in Tula wie auch in Chichén Itzá findet und auf denen ein Adler zu sehen ist, der ein Herz verschlingt, möglicherweise ein Menschenherz. Die Azteken werden diese Opfertradition fortführen.

🔴 Tula, die Hauptstadt der Tolteken

In den Legenden wird Tula als eine große Hauptstadt dargestellt. Tatsächlich handelt es sich um eine kleine archäologische Stätte, rund 70 km nördlich von Tenochtitlán gelegen. Um 1150 wird die Stadt von neuen Eindringlingen aus dem Norden zerstört. Die eigenständigsten Elemente der toltekischen Architektur und Bildhauerei sind die Atlanten (Basaltkolosse, die das Dach des Haupttempels tragen) und die Chac-Mools, auf dem Rücken liegende Steinfiguren, die auf der Brust eine Schale halten.

Die Atlanten, vier Steinsäulen in Menschengestalt von über 4 m Höhe, stellen toltekische Krieger dar, welche mit einer Speerschleuder und einem Säckchen Kopal* ausgestattet sind.

Der Chac-Mool ist eine Skulptur, die erstmals bei den Tolteken auftaucht und sich danach über Mesoamerika verbreitet. Man findet sie vor allem in Chichén Itzá, der mächtigen Mayastadt auf Yucatán. Die Archäologen glauben, dass man darauf Opfergaben – vielleicht das Herz der Geopferten – zu Ehren des Regengottes Tlaloc ablegte.

🏛 **313**
Der römische Kaiser Konstantin gewährt den Christen durch das Edikt von Mailand Glaubensfreiheit. Die ersten Basiliken werden gebaut, namentlich die Grabeskirche in Jerusalem. Rom sichert sich damit seine Vormachtstellung in der christlichen Welt.

🏛 **320**
Die Gupta-Dynastie erscheint im Norden Indiens. Nach ihr ist eine der schönsten Stilrichtungen in Bildhauerei und Architektur benannt. In dieser Region entstehen Tempel aus Stein. Gegen Ende des 5. Jahrhunderts wird das Guptareich im Hunnensturm untergehen.

25

Anáhuac, das aztekische Reich

GOLF VON MEXIKO

Tenochtitlán (Mexiko-Stadt) · Tlaxcala

PAZIFISCHER OZEAN

Stammesgebiet der Azteken

Durch den Untergang der toltekischen Kultur im 12. Jahrhundert entsteht in Mexiko eine große Lücke. Es folgt eine Invasion der nördlichen Grenzvölker nach der anderen. Um das Jahr 1000 verlassen die Azteken, die lange in den Wüstengebieten unweit der heutigen USA gelebt haben, ihr Land und ziehen südwärts. Ihre Suche nach einer neuen Heimat soll fast 200 Jahre dauern ...

Sesshaftwerdung mit Hindernissen

Zu Beginn des 13. Jahrhunderts gelangen die Azteken in das Hochtal von Mexiko, wo sich bereits andere Völker angesiedelt haben. Die Azteken, damals noch ein armer Stamm, werden Söldner im Dienste mehrerer örtlicher Feudalherren. Sehr bald sind sie für ihren Mut und ihre Grausamkeit berüchtigt: Sie schneiden all ihren Gefangenen die Ohren ab! Der Prinz von Culhuacán, der die Azteken als Verbündete gewinnen möchte, bietet ihrem Häuptling seine Tochter zur Frau an. Doch die Azteken opfern das Mädchen dem Gott Xipe Totec. Rasend vor Zorn erklärt ihr Vater ihnen den Krieg. Die Azteken werden vertrieben und flüchten sich auf die sumpfigen Inseln im Texcocosee. Dort gründen sie 1345 ihre Stadt Tenochtitlán – heute Mexiko-Stadt *(siehe S. 46-51)*.

TENOCHTITLÁN, DER „ORT DES KAKTUS"

Der Sage nach werden die Azteken von ihrem Gott Huitzilopochtli zum größten See im Hochtal von Mexiko geführt und dringen auf die Inseln vor. Dort erblicken sie das Zeichen, das ihnen von der Gottheit für ihre Stadtgründung geschickt wurde: einen Adler, der auf einem Kaktus sitzt und gerade eine Schlange verspeist. Diese Szene ziert heute die mexikanische Landesflagge.

Entstehung einer Großmacht

In den folgenden hundert Jahren werden aus den aztekischen Kriegern nach und nach Stadtbürger und Kaufleute. Ihre bescheidenen Schilfrohrhütten weichen solchen aus dauerhaften Materialien. Steintempel werden errichtet. Ihre Hauptstadt entwickelt sich zusehends. Doch die Azteken bleiben vor allem gefürchtete Kämpfer, die nun ihrerseits die benachbarten Städte angreifen. Dank ihres Mutes, ihrer Schlauheit und der von ihnen geschlossenen Bündnisse gehören sie schon bald zu den mächtigsten Völkern des Tals. Ab 1426 verbünden sich die Azteken mit zwei weiteren Städten, Texcoco und Tlacopán, um sich mit ihnen das Gebiet zu teilen. Dieser Dreibund ermöglicht es den Azteken, welche die Oberhoheit behalten, die Eroberung Mexikos in Angriff zu nehmen.

Karte des Hochtals von Mexiko

Teotihuacán

Texcoco-see · TEXCOCO

Tepeyac

TLACOPÁN · Tlatelolco

TENOCHTITLÁN

Coyoacán · Iztapalapan

321
Mit seinen Bauwerken und Palästen, seinen Aquädukten*, die das Wasser überallhin bringen, seinen gepflasterten Straßen und seinem Kanalnetz ist Rom die prachtvollste Stadt des römischen Imperiums. Mit 1,6 Millionen Einwohnern ist sie auch die größte Stadt der Welt.

330
Konstantin verlegt die Hauptstadt des Römischen Reichs nach Byzanz, das er in Konstantinopel umbenennt. 65 Jahre später erfolgt die Teilung in das Oströmische oder Byzantinische Reich und das Weströmische Reich, das durch die Völkerwanderung zerfallen wird.

🫒 Das Reich: ein Riese auf tönernen Füßen

„Anáhuac" ist der Name, den die Azteken den von ihnen beherrschten Gebieten geben. Sie bewohnen ganz Zentralmexiko von der Golfküste, dem Land der Huaxteken und Totonaken, bis zu den Ufern des Pazifiks, dem Land der Zapoteken und Mixteken. Ihr Reich dehnt sich auch nach Süden bis zu den tropischen Breiten der Maya aus. Anáhuac ist kein richtiges Reich wie das römische Imperium, sondern eine Vielzahl von Reichen, die durch Krieg oder auf diplomatischem Wege erobert wurden. Dieses Gebilde ist keine wirkliche Einheit und es kommt häufig zu Aufständen. Bestimmte Gebiete wie etwa das Königtum Tlaxcala widersetzen sich sogar der aztekischen Vorherrschaft. Als die Spanier 1519 in Mexiko landen, laufen viele der revoltierenden Indianer zu ihnen über.

MEHRERE NAMEN FÜR EIN VOLK

Das Wort „aztekisch" kommt von Aztlán, der Urheimat der Azteken. Sie selbst nennen sich Tenochcas. Ihre Hauptstadt taufen sie Tenochtitlán, „Ort der Tenochcas". Später eher unter dem Namen „Mexicas" bekannt, gehen aus den Azteken schließlich die „Mexikaner" hervor.

Die Könige der von den Azteken unterworfenen Gebiete sind zu Vasallen* geworden, die Tribut bezahlen (siehe S. 49) und Soldaten für künftige Kriege bereitstellen.

370
Die Hunnen fallen in Europa ein und lösen die große germanische Völkerwanderung aus. In kurzer Zeit erobert das asiatische Reitervolk ein gewaltiges Reich (vom Kaukasus bis zur Donau). Nach einer großen Niederlage 451 zieht es sich wieder nach Asien zurück.

ab 400
Germanische Stämme verlassen ihre Siedlungsgebiete und ziehen durch West- und Südeuropa. Sie gründen neue Reiche, etwa die Westgoten in Südfrankreich und Spanien, die Sweben in Nordspanien, die Langobarden in Italien und die Wandalen sogar in Nordafrika.

Eine wohl geordnete Gesellschaft

Die Azteken sind die Nachkommen der kriegerischen Chichimeken. Von ihren Vorfahren haben sie bestimmte egalitäre* Traditionen sowie eine ausgeprägte Lust an der Kriegsführung übernommen. Unter dem Einfluss der Tolteken haben sie dann eine Kultur begründet. Ordnung, Hierarchie und Privilegien gehören seitdem zu ihrer Welt.

Die aztekische Gesellschaft ist sehr hierarchisch aufgebaut. Bei aller Strenge ist sie aber auch gerecht, denn sie sorgt dafür, dass jeder nach seiner Funktion und seinen Möglichkeiten einen Platz findet. Wer sich an die Regeln hält, wird beschützt – aber wehe dem, der sie bricht!

DER TECUHTLI (FEUDALHERR)

Die Mitglieder des aztekischen Adels sind wichtige Persönlichkeiten: Prinzen im Gefolge des Herrschers, Feldherren, Hohepriester und hohe Beamte. Sie führen das Reich und sind sehr mächtig. Trotz mancher Privilegien haben sie auch Pflichten und ihre Titel sind nicht vererbbar.

DER HANDWERKER UND DER POCHTECA

Sie sind keine Adligen, üben jedoch eine wichtige Funktion innerhalb der Gesellschaft aus: Sie bereichern sie durch Kunst und Handel. Außerdem wächst ihre Einflussnahme mit der Zeit – vor allem die der Händler. Die Mächtigsten unter ihnen schicken ihre Kinder auf die Adelsschulen, die Calmecacs *(siehe S. 31)*.

DER MACEHUAL (EINFACHER MANN)

Die Menschen aus dem Volk stellen den Großteil der aztekischen Bevölkerung dar: Bauern, Fischer und Kleinhandwerker, die Gegenstände des täglichen Lebens herstellen. Sie alle arbeiten hart für ihren Lebensunterhalt und um die vom Staat geforderten Steuern zu bezahlen. Für die Instandhaltung der Straßen und Dämme, der öffentlichen Gebäude und Tempel werden sie zu Frondiensten herangezogen, also zur Zwangsarbeit. Wenn Krieg herrscht, müssen sie außerdem für das Reich kämpfen. Die Macehualli sind jedoch nicht unglücklich, denn sie erhalten jeder ein kleines Stück Land und ein Haus. Ihre Kinder haben ebenso das Recht auf eine Ausbildung in den örtlichen Schulen.

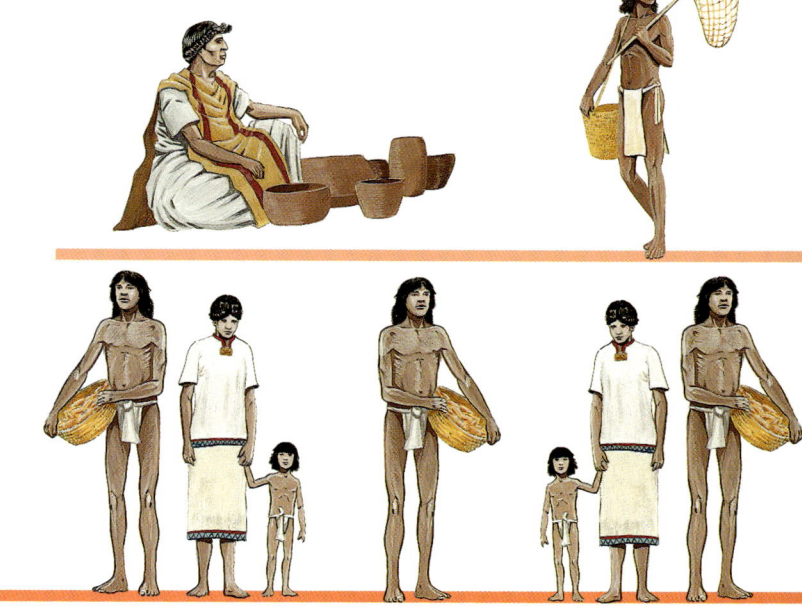

DER TLALMAITL (LANDLOSER)

Diese Bauern sind keine freien Männer, denn sie sind an das Land, das sie bearbeiten, gebunden. Sollte dieses den Besitzer wechseln, werden sie quasi mitverkauft. Dafür zahlen sie keine Steuern und unterliegen nicht der Fronarbeit.

SPUREN DER GESCHICHTE

476
Der germanische Heerführer Odoaker setzt den weströmischen Kaiser Romulus Augustulus ab. Damit endet das Weströmische Reich. Dieses wichtige Datum gilt als das Ende der Antike und der Beginn des Mittelalters.

um 500
Die Kultur der Mochica im Norden Perus ist auf ihrem Höhepunkt. Ihre Hauptstadt Moche besitzt zwei sehr große Pyramiden: den Mondtempel und den Sonnentempel, auch Huaca del Sol genannt.

DER TLATOANI

Der Herrscher ist die wichtigste Person in der aztekischen Welt. Er heißt Tlatoani, „derjenige, der spricht", denn in der Welt der Indianer haben das Wort und kultivierte Diskussionen einen hohen Stellenwert.

In den Dörfern und auf dem Land wird die Ordnung aus Furcht vor den oft erbarmungslosen Strafen geachtet. Alle Männer, auch die mächtigsten und die Prinzen, unterliegen dem Gesetz. Wer sich des Diebstahls oder eines anderen Vergehens schuldig macht, wird zur Sklaverei verurteilt, denn bei den Azteken gibt es keine Gefängnisse. Andere Verbrechen gelten dagegen als weitaus schlimmer. Der gefürchtete Medizinmann wird oft geopfert, ebenso wie jene, die mit seinen Kräften im Bunde stehen. Eine noch schlimmere Gefahr ist die Trunksucht; mit Ausnahme der Alten darf niemand Alkohol trinken: Wer betrunken erwischt wird, der wird geschlagen und danach erwürgt. Das schwerwiegendste Verbrechen in dieser puritanischen Gesellschaft ist schließlich der Ehebruch. Die schuldig gesprochenen Männer und Frauen werden gesteinigt.

DER KRIEGER

Jeder Mann muss sich als Krieger verdingen und sein Leben opfern, so wie es die Götter getan haben. Auch die niedrigsten und ärmsten Azteken können zu höchsten Ehren gelangen, wenn sie Mut beweisen. Sie werden berühmt und bewundert und steigen ihrerseits in den Rang eines Tecuhtli auf.

DER TLACOTLI (SKLAVE)

Ganz unten in der Gesellschaftspyramide stehen die Sklaven, deren Herkunft sehr unterschiedlich ist: Bewohner entlegener Landstriche, die von Menschenhändlern entführt wurden; Lastsklaven, die mit ihrer Tragelast verkauft wurden; Kriegsgefangene, die der Opferung entgangen sind; Männer, die aufgrund schwerer Verfehlungen wie etwa Diebstahl zu Sklaven herabgestuft wurden. Schließlich verkaufen manche auch sich selbst oder ihr Kind zur Begleichung einer Schuld. Die Lebensbedingungen der Sklaven in der aztekischen Gesellschaft sind nicht so hart wie jene der Sklaven in der Alten Welt* oder in der Antike. Sie werden korrekt behandelt und jede ungerechtfertigte Gewaltanwendung gegen sie wird bestraft. Sie dürfen Güter und sogar wiederum eigene Sklaven besitzen und sich ihre Freiheit zurückkaufen. Ihre Kinder werden als freie Menschen geboren. Kaiser Izcoatl war selber der Sohn eines Sklaven ...

---

um 550
In einem ausgehöhlten Pilgerstab schmuggeln zwei griechische Mönche Eier des Maulbeer-Seidenspinners, eines in China heimischen Schmetterlings, aus Tibet heraus. Die Geheimnisse der Seidenraupenzucht wurden bis dahin von den Chinesen eifersüchtig gehütet.

600
Das Königreich Ghana entsteht an der Grenze zu den heutigen Ländern Mauretanien und Mali. Seine Macht gründet sich auf den Transsahara-Handel mit Stoffen, Waffen und Salz, die es gegen Gold aus dem Sudan eintauscht.

Kindheit im Dienste des Gemeinwohls

Von Geburt an wird der junge Azteke zum Dienen erzogen. Die Lebensbedingungen sind hart, die Regeln streng und die Strafen rigoros. Das Kind muss seinen Eltern gehorchen und dann seinen Lehrmeistern, ob sie nun Priester oder Krieger sind. So reift er zu einem Erwachsenen heran, der die Ordnung und seine Gemeinschaft achtet.

Diese Kinder adliger Herkunft treten in das Calmecac ein, um dort zu lernen.

Die Taufe

„Feuerschlange" ist geboren. Vier Tage nach seinem ersten Schrei ist die Hebamme, die ihn auf die Welt gebracht hat, erneut im Einsatz. Sie bringt den Säugling zu seiner ersten Zeremonie: Dort soll er seinen religiösen Namen erhalten, nämlich den vom Tag seiner Geburt. Dieser unterscheidet sich vom Alltagsnamen, den ihm seine Familie bereits gegeben hat. Die Priester werden vorzugsweise einen Namen wählen, der Glück bringt und dafür je nach Bedarf auch sein wahres Geburtsdatum verfälschen. Nun wird der Täufling mit ein wenig Wasser gewaschen. Vor ihm sitzen drei Jungen, um das Neugeborene erstmals beim Namen zu nennen. Damit ist „Drei-Schilfrohr" getauft. Am Rand der Matte liegen ein Schild und Pfeile als Symbole für Krieg und Mut. Bei den Azteken ist ein Kind in erster Linie ein künftiger Krieger ...

Die Ausbildung

Schon im zarten Alter wird das Aztekenkind von seinen Eltern erzogen und für die unterschiedlichsten Hausarbeiten ausgebildet. Der Vater unterweist seinen Sohn im Umgang mit den Ackergeräten und Fischernetzen. Die Tochter hingegen erlernt den Gebrauch der Spindel und wie man Baumwolle spinnt. Wie ihre Mutter wird sie eine gute Weberin für die ganze Familie sein.

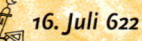**16. Juli 622**
Auf dieses Datum fällt die Hedschra (Hidjra), welche den Beginn des islamischen Kalenders markiert. Der Prophet Mohammed lässt sich in Medina nieder und begründet den Islam. Nach seinem Tod 632 erobern die moslemischen Araber die Levante* und Ägypten.

um 700
Unter dem Einfluss der mesoamerikanischen Kulturen kommt es im Tal des Mississippi zu Stadtgründungen. Cahokia, die wichtigste Stadt, besitzt richtige Erdpyramiden (oder Tumuli*) und hat mehrere tausend Einwohner. Ihre Blütezeit erlangt sie im 12. Jahrhundert.

Strafen

Die aztekische Gesellschaft, die kein Mitleid mit den Erwachsenen kennt, ist auch sehr streng zu den Kindern. Übeltäter und Widerspenstige werden ohne Zögern bestraft. Dann müssen sie schlimme, je nach Alter verschiedene Bestrafungen erdulden. Die ungehorsamen Jungen werden angebunden und mit langen, spitzen Dornen gestochen. Später erhalten sie vielleicht Stockschläge, werden über brennende Pfefferpflanzen gehalten oder müssen einen ganzen Tag lang nackt auf einem kalten, feuchten Boden liegen bleiben. Die undisziplinierten Mädchen werden mitten in der Nacht geweckt und gezwungen, das Haus auszufegen.

Studium und Disziplin

Ab dem zehnten Lebensjahr und manchmal auch schon früher werden die Kinder an „Schulen" übergeben. Davon gibt es bei den Azteken zwei Arten. Im Calmecac erlernt man den Beruf des Priesters oder eines höheren Staatsbeamten. Die Ausbildung ist gründlich, aber auch lang und mühevoll, und die Disziplin ist noch strenger als im Kreis der Familie: Um ihren Körper und Geist zu stählen, müssen die jungen Leute z.B. nachts aufstehen und in eiskaltem Wasser baden. In diesen Schulen werden Lesen, Schreiben, Rechtskunde, Geschichte, Astrologie und Religion unterrichtet. Der Junge dient zunächst dem Hohepriester und ministriert bei den Zeremonien. Eines Tages wird er vielleicht einmal dieses Amt innehaben! Das Calmecac, das vorrangig den Kindern adliger Herkunft vorbehalten ist, steht manchmal auch den Kindern aus dem Volk offen. Diese treten freilich fast alle in eine andere Schule namens Telpochcalli ein, das „Haus der Jugend". Die Ausbildung ist hier zwar weniger streng, jedoch auch nicht so gut. Hier wird der junge Azteke dazu erzogen, die Götter zu ehren, vor allem aber der Gemeinschaft zu dienen.

Ein zukünftiger Krieger

Das wichtigste Ziel dieser Ausbildung ist es, den Bürger, ob Adliger oder einfacher Bauer, zu einem mutigen Krieger zu machen, der im Kampf oder als Opfer zu sterben versteht. Zu Beginn begleiten die Jugendlichen die Männer in den Krieg. Sie tragen ihr Gepäck und ihre Waffen. Bald schon werden sie an den Kämpfen teilnehmen, und wenn sie Gefangene machen, erwerben sie Ruhm und Ehre. Dann dürfen sie kostbare Gewänder mit bunten Federn anlegen.

711
Die Araber besetzen Spanien und begründen dort eine brillante Kultur. 732 überwinden sie die Pyrenäen, werden aber von Karl Martell bei Poitiers (Frankreich) zurückgedrängt.

800
Der fränkische König Karl der Große wird vom Papst zum Kaiser gekrönt. Dank seiner politischen und militärischen Fähigkeiten herrscht er über ein Gebiet, das sich von der Nordsee bis zum Mittelmeer und zur Adria erstreckt.

Riten und Bräuche

Der Begriff „Macehual" bezeichnet bei den Azteken den Mann aus dem Volke.
Ob nun als Bauer, Fischer oder Handwerker, er arbeitet auf seinem Stück Land,
in seiner Werkstatt oder eben als einfacher Arbeiter, solange er arm ist.
Sein Leben ist bescheiden und hart. Trotzdem ist er nicht unglücklich,
denn die aztekische Ordnung gibt seinem Dasein eine Struktur.

◗ Vernunftehen

Ist der Junge zu einem Mann herangereift und weder ein großer Krieger
noch ein Priester geworden, muss er eine Familie gründen. Selten dürfen
die Männer die Auserwählte ihres Herzens zur Frau nehmen: Meist werden
die Hochzeiten zwischen zwei Familien mit ähnlichen Berufen und Lebens-
umständen arrangiert. Sobald die Wahl getroffen ist, werden alte Frauen
zu den Eltern der Braut geschickt. Nach langen Verhandlungen ist die
Hochzeit beschlossene Sache. Nun sucht man die Priester auf, um ein
nach dem religiösen Kalender günstiges Datum zu bestimmen.

Die Hochzeitszeremonie beginnt mit
einem Festessen im Haus der Braut. Am
Abend trägt eine ältere Frau sie huckepack zum
Haus des jungen Mannes. Dort setzen sich die
Brautleute dicht bei der Feuerstelle auf eine
Matte und man bindet ihnen die Kleider
zusammen. Nun sind sie verheiratet und
werden zusammenleben.

DER PLATZ DER FRAUEN

In einer Welt der Krieger ist für die Frauen nicht viel Platz. Die Mädchen gehen im Allgemeinen nicht zur Schule; sie bleiben daheim, um ihrer Mutter zu helfen und zu lernen, wie man eine gute Hausfrau wird. Dennoch haben manche eine wichtige Funktion in der Gesellschaft, nämlich die Hebammen, welche die Kinder auf die Welt bringen, die Priesterinnen sowie die Hexen, die wegen ihrer Zaubersprüche gefürchtet sind. Die Kurtisanen, sehr hübsch und stark geschminkt, begleiten die jungen Krieger zu rauschenden Festen. Schließlich räumt die aztekische Religion den im Wochenbett verstorbenen Frauen, den Cihuateteos, einen wichtigen Platz ein: Sie kommen in den Himmel und begleiten die Sonne auf ihrem täglichen Lauf.

um 800
Die klassische Mayakultur im Hochland geht unter. Jedoch entstehen schöne neue Städte auf Yucatán, die allerdings in den folgenden Jahrhunderten ebenfalls untergehen. Von den Forschern wird die Mayakultur erst im 19. Jahrhundert wiederentdeckt.

um 800
Mit dem Bogen erscheint in Nordamerika eine neue Waffe. Er wird sich in Mexiko durchsetzen und allmählich die Speerschleuder verdrängen. In der Alten Welt* war der Bogen schon längst bekannt.

Ein aztekischer Arzt schmiert Heilsalbe auf eine Verletzung.

DIE MEDIZIN

Nach aztekischem Glauben entstehen Krankheiten durch göttlichen Zorn oder durch einen von einem Zauberer ausgesprochenen Fluch. Dann gilt es die Götter zu befragen, um die Ursachen des Leidens zu erfahren. Zu diesem Zweck setzt man auf Beschwörungen mit magischen Worten und Tränke aus Heilkräutern. Die Azteken haben in der Tat ein enormes Wissen über die Pflanzenwelt.

🔴 Ein friedlicher Ruhestand

Nach einem arbeitsreichen oder von großer Verantwortung erfüllten Leben – genauer gesagt, mit 52 Jahren (denn diese Zahl hat eine religiöse Bedeutung bei den Azteken) – werden der Mann und die Frau Ueuetken, Senioren also. Dann sind sie von den mühsamsten Arbeiten und anderen Pflichten entbunden. Der Alte ist eine geachtete und respektierte Persönlichkeit. Auch wenn er arm ist, hat er seinen Platz im Ältestenrat seines Wohnviertels und tut seine Meinung kund. Man hört ihm zu, um von seiner Erfahrung zu profitieren. Sein Alter gestattet ihm überdies jene Dinge, die den Jüngeren untersagt sind: Er darf Alkohol trinken und sich bei einem Festmahl betrinken!

Vor der Einäscherung steckt man dem Verstorbenen ein Stückchen Jade in den Mund. Dieses Symbol des Lebens soll ihm den Übergang ins Reich der Toten erleichtern.

🟢 Die Bestattungsriten

Wenn der Tod naht, wird sich der Greis, sofern er im Laufe seines Lebens einen schwerwiegenden Fehler gemacht hat, einem Priester anvertrauen. Er wird so vor den Göttern und den Menschen geläutert. Diese Beichte findet so spät wie möglich statt, denn bei den Azteken beichtet man nur einmal im Leben ... Nach dem Tod wird der Leichnam in seine schönsten Gewänder gehüllt. Die Reichen werden mit Juwelen geschmückt und den Kriegern legt man Waffen und Schilde auf. Anschließend wird der Tote in eine kauernde Haltung gedrückt, mit den Knien unter dem Kinn fest verschnürt und in lange Tücher gewickelt. Diese „Mumie" wird sodann zu einem Scheiterhaufen getragen und verbrannt. Die Angehörigen sammeln die Asche des Verstorbenen und beerdigen sie im Haus. Nur diejenigen, die ertrunken sind, vom Blitz erschlagen oder von bestimmten Krankheiten dahingerafft wurden, werden begraben.

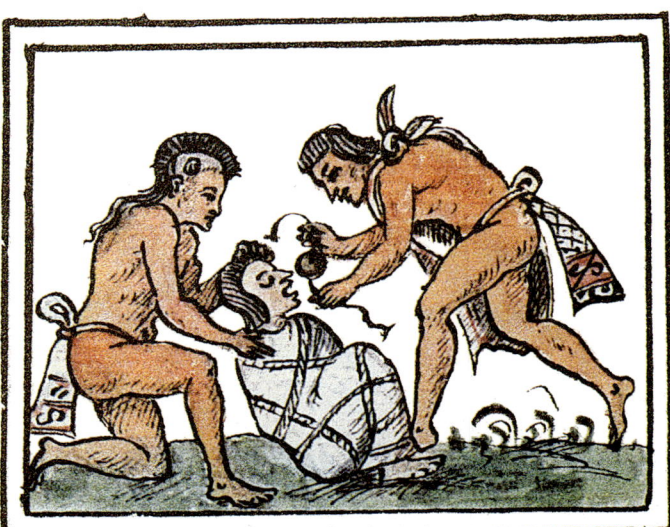

ab 800
Die Normannen (oder Wikinger) greifen die Küsten an und fahren die Flüsse aufwärts (bis Köln!). Diese hervorragenden Seefahrer und Händler aus Skandinavien stoßen bis zum Mittelmeer und Byzanz vor und begründen neue Reiche (Sizilien).

um 850
In Westeuropa erlebt die Buchmalerei (mit farbigen Bildern und Motiven versehene Pergament-Handschriften) eine Blüte.

Das Alltagsleben

Die adligen Azteken, die reichen Kaufleute und die bewunderten Krieger leben
umgeben von zahlreichen Sklaven in großen Häusern, mitunter gar in Palästen.
Sie gehen in ihren Gärten voll duftender Blumen spazieren und treffen sich
spätabends zu fröhlichen Banketten. Das Volk dagegen steht früh auf,
um seiner täglichen Arbeit nachzugehen.

🔵 Das aztekische Haus

Ob prunkvoll oder ärmlich, das aztekische Haus verfügt über einen Innenhof, wo sich das tägliche Leben abspielt. Ringsherum liegen die Schlafzimmer, die Küche, die Vorratskammer und manchmal auch die Werkstatt, wenn der Hausherr ein Handwerker ist. Möbel gibt es selbst bei den wohlhabendsten Azteken keine. Am Boden werden Matten ausgerollt, auf denen die ganze Familie läuft,
sitzt und ihre Mahlzeiten einnimmt. Nur die adligen Herren haben Anspruch auf einen Stuhl. Geschlafen wird auf einer dickeren Matte, eingerollt in eine Decke. An den Wänden stehen kleine Korbschränkchen, in denen der Hausrat, die Kleidung und manchmal auch die Wertgegenstände der Familie aufbewahrt werden. Schließlich brennt in der Mitte des Hauptraums das Holz in einem großen Tonofen, dem Brasero. Er spendet Wärme in den bisweilen sehr kalten Nächten von Tenochtitlán.

Bei dem in einem Winkel des Hofs gelegenen Temazcalli (Dampfbad) handelt es sich um ein kleines, kuppelförmiges Bauwerk, das man auf Knien rutschend betritt. Drinnen gießt man Wasser auf eine durch ein Feuer von außen erhitzte Mauer, um so Dampf zu erzeugen. Die Azteken verbringen viel Zeit dort, weil für sie der Dampf Körper und Geist reinigt und sogar bestimmte Krankheiten heilt.

863
Die griechischen Mönche Kyrillos und Methodios bekehren die Slawen in Mitteleuropa zum Christentum und erfinden das kyrillische Alphabet. Bis heute wird in Russland, der Ukraine, Bulgarien und Serbien mit kyrillischen Buchstaben geschrieben.

um 900
Zwei wichtige Erfindungen setzen sich in Westeuropa durch: das Hufeisen und das Kummet. Dank Letzterem können Pferde und Ochsen schwerere Lasten ziehen, was eine bedeutende Verbesserungen vor allem für die Landwirtschaft darstellt.

🔴 Schlicht gekleidet

Der Großteil der Bauern und der einfachen Leute trägt einen Maxtlatl, einen einfarbigen Lendenschurz aus derben Fasern, welcher die Hüften bedeckt und zwischen den Beinen durchgeht. Zum Schutz gegen die Sonne oder Kälte dient ihnen außerdem der Tilmatl, eine Art Umhang, der über der Schulter geknotet wird. Die Frauen tragen einen langen Rock (Cueitl) und eine kurzärmelige Bluse (Huipil). Ergänzt wird diese Kleidung manchmal noch durch ein viereckiges, ponchoartiges Tuch (Quexquemitl) mit einem Loch in der Mitte, durch das der Kopf gesteckt wird. Auch die Adligen tragen einen Lendenschurz und einen Umhang, aber ihre Gewänder sind aus Baumwolle und feiner gewebt als jene der einfachen Bevölkerung. Sie sind lebhaft bunt, reich bestickt und oft mit Daunen und Federn gefüttert.

🟢 Essen und Trinken

Die einfachen Leute essen in der Regel nur zweimal pro Tag, nämlich am Vormittag und bei der Rückkehr von der Arbeit am Nachmittag. Ihre vorwiegend aus Mais bestehende Kost ist anspruchslos. Meist essen sie Fladen, so genannte Tortillas, die mit zerstampften schwarzen Bohnen gefüllt und mit Pfeffer gewürzt sind. Bei großen Festen wird dieses Gericht noch durch Früchte, Fische und Wild verfeinert. Die Reichen genießen einen weitaus vielseitigeren Speiseplan, wie er sonst nur bei Festlichkeiten üblich ist. Dazu werden Säfte aus tropischen Früchten (Papaya, Guave, aus Wurzeln oder diversen Pflanzen) serviert. Kakaopulver, vermischt mit Wasser, Honig und Vanille, bleibt das begehrteste Getränk, das jedoch der Elite vorbehalten ist. Der Octli oder Pulque, ein vergorener Agavensaft, ist ein alkoholisches Getränk, das ein bisschen an Cidre erinnert. Nur die Alten dürfen davon trinken; jeder andere, der in berauschtem Zustand ertappt wird, muss mit schwerer Bestrafung rechnen.

Bestimmte Stoffe und Farben sind den Mitgliedern des Adels und den großen Kriegern vorbehalten. Auch die Juwelen und den Federschmuck darf niemand unberechtigt tragen.

DIE FELDARBEIT

Wie im übrigen vorkolumbianischen Amerika ist bei den Azteken die Tierzucht kaum verbreitet. Truthähne, Hunde und Bienen sind die einzigen domestizierten Tiere, alle anderen werden gejagt oder geangelt. Kühe, Schafe und Pferde gelangen erst im Zuge der Eroberung durch die Spanier ins Land. Um gute Ernten zu erzielen, bedienen sich die Azteken des so genannten Brandrodungsanbaus. Dabei werden die Gräser und Sträucher eines Gebiets während der Trockenzeit niedergebrannt. Die Asche düngt die Erde, in die nun eingesät wird. Diese Methode laugt jedoch den Boden innerhalb kürzester Zeit aus; daher muss man ihn viele Jahre lang ruhen lassen, damit die Vegetation sich wieder erholen kann.

Maiskolben ① – Agave ② – frische grüne und rote Chilischoten ③ – Papaya ④ – Frucht des Kakaobaums und Kakaobohnen ⑤ – Tomaten ⑥

🐰 **um 900**
Im Südwesten der heutigen USA erleben indianische Kulturen (Hohokam, Anasazi und Mogollon) ihre Blütezeit. Sie gründen sich auf den Ackerbau und den Handel mit Mesoamerika. Große Siedlungen wie Pueblo Bonito entstehen.

ab 900
Das fränkische Königreich wird in viele unabhängige Lehen (geliehener Grundbesitz) aufgeteilt. Dafür leisten die Vasallen* dem Lehnsherr Gefolgschaft und übernehmen für ihn Ritterdienste. Auf diesem Lehnswesen beruht die Gesellschaft des Mittelalters.

35

Darbietungen und Spiele

Die aztekische Gesellschaft ist sehr streng und bestraft jeden Regelverstoß. Dennoch liebt sie Aufführungen und Spiele, an denen die Bevölkerung sich beteiligt. Diese Festlichkeiten, welche jeden Monat vor den Tempeln stattfinden, haben fast alle eine religiöse Bedeutung im Zusammenhang mit den großen Mythen der Azteken.

● Das Ballspiel oder Tlachtli

Das bei vielen Völkern Mesoamerikas beliebte Ballspiel *(siehe S. 23)* ist nicht nur ein Sport, sondern vor allem eine religiöse Zeremonie, welche die Bewegungen der Gestirne symbolisiert. Außerdem ist es das spektakulärste und raueste aller aztekischen Spiele. Gespielt wird auf einem Feld in Form einer Gasse, die von zwei schrägen Steinwällen gesäumt ist. Die in zwei Mannschaften eingeteilten Spieler müssen einen Kautschukball mit dem Körper treffen, um ihn ins gegnerische Feld zu befördern. Dabei darf der Ball aber weder mit der Hand noch mit dem Fuß berührt werden. Der Ball ist übrigens hart und schwer (bis zu 3 kg) und die Spieler müssen ihre Hüften, Ellbogen und Knie mit Lederflicken schützen. Die ganze Bevölkerung wohnt diesen Wettkämpfen bei, in deren Verlauf Adlige wie Bauern um Naturalien wetten, denn Geld ist noch unbekannt. Manch einer kann sich auf diese Weise ruinieren und zuweilen sieht man Leute am Ende einer Partie flüchten, um so wenigstens die Kleider, die sie am Leib tragen, zu retten.

● Das Patolli

Patolli ist ein Würfel- und Glücksspiel. Das Spielfeld hat die Form eines Kreuzes mit 52 Kästchen. Als Würfel dienen Bohnen, auf die Punkte aufgemalt sind, und als Spielfiguren nimmt man kleine Steinchen, die auf den Feldern vorgerückt werden. Wer als Erster das Kreuz umrundet, hat gewonnen! Patolli ist zwar ein Glücksspiel, hat aber ebenfalls eine religiöse Bedeutung: Seine 52 Felder entsprechen nämlich der Anzahl der Jahre in einem aztekischen Jahrhundert *(siehe S. 54-55)*.

um 900
Die Kulturen von Huari und Tiahuanaco, welche einen Großteil von Peru beherrschten, sind untergegangen. Neue Zivilisationen entstehen in dieser Region, namentlich die Chimú im Norden. Diese werden die Stadt Chan Chan erbauen.

um 900
Die Stadt El Tajín an der Küste des Golfs von Mexiko erlebt ihre Blüte. Diese Stadt ist berühmt für ihre Pyramide mit 365 Nischen, aber auch für ihre Ballspielfelder; man zählt von ihnen etwa ein Dutzend.

Die rituellen Feste

Es gibt noch andere erstaunliche Feste mit einem religiösen Bezug. So versuchen beispielsweise die jungen Männer im neunten Monat des Jahres einen Kletterbaum zu bezwingen, um sich oben ein Götterfigürchen abzuholen; der Sieger erhält Geschenke. Später, beim großen Fest für Huitzilopochtli, tragen die Priester lange Wettrennen quer durch die Städte aus. Zum Jahresende gehen Jungen und Mädchen in „Kissenschlachten" mit federgefüllten Kissen aufeinander los. Die Organisatoren passen auf, dass niemand einen Stein in die Kissen hineinschmuggelt, denn diese Auseinandersetzungen können ziemlich heftig sein. Alle diese Spiele werden zu Ehren der Götter veranstaltet und sind oft von Menschenopferungen begleitet.

Der Palo Volador („Flugmast")

Hierbei handelt es sich um einen rund 20 m hohen Mast, auf den fünf Männer klettern. Während einer von ihnen auf der Spitze Flöte und Trommel spielt, stürzen sich die anderen vier in die Tiefe. Sie sind natürlich an den Füßen mit einem Seil gesichert. Jeder der vier „Voladores" („Flieger") umkreist bis zur Landung am Boden 13-mal den Kletterbaum, wodurch sie insgesamt 52 Kreise beschreiben. Der Palo Volador ist eine religiöse Zeremonie, welche die Azteken übernommen haben und die ihren Ursprung im Tiefland hat. Sie versinnbildlicht den Flug des Adlers und somit die Sonne. Dieses Schauspiel kann man bis heute in Mexiko erleben.

Der Kletterbaum ist mit großen Papierfahnen geschmückt. Wer es bis ganz nach oben schafft, erhält Geschenke. Unterdessen tanzen andere Teilnehmer zu den Klängen der Musiker einen Reigen.

SÄNGER, JONGLEURE UND AKROBATEN

Am Hofe von Moctezuma unterhalten Gaukler und Akrobaten den Herrscher bei seinen Mahlzeiten. Zwerge und Bucklige bringen mit ihren Kunststückchen und Grimassen das Publikum zum Lachen. Schließlich tragen Sänger, Dichter und Komödianten, wie es sie im Mittelalter auch in Europa gab, Legenden, aber auch Geschichten über die Götter vor. Die Musiker begleiten sie mit den Klängen von Muschelhörnern, Flöten, Trommeln und Schellen. Saiteninstrumente sind bei den Azteken unbekannt.

910
Gründung der Abtei von Cluny in Burgund (Frankreich). Sie folgt den benediktinischen Ordensregeln, verfasst um 540 vom heiligen Benedikt, und wird einst zur größten Abtei Europas aufsteigen.

um 950
In Europa machen die Techniken des Ackerbaus Fortschritte. Auf großflächigen Rodungen entstehen neue Dörfer mit großen Äckern. Bessere Pflugtechniken ermöglichen eine tiefere Bearbeitung des Bodens und somit bessere Ernteerträge.

Die Händler

Die Pochtecas – Erforscher und zugleich Kaufleute – sind die offiziellen Händler im Aztekenreich. Dank der Luxuswaren, die sie aus fernen Ländern mitbringen, bereichern sie Anáhuac und stärken seine Machtstellung – mehr noch als die von den unterworfenen Städten entrichteten Tributzahlungen. Reich, beherzt und verschwiegen, so könnte man den Händler charakterisieren!

Die Expedition

Vor ihrer Abreise bringen die Pochtecas ihren Göttern Opfer dar und schwören erstaunliche Gelübde: So versprechen sie z.B., dass sie sich vor der Rückkehr zu ihrer Familie nicht die Haare schneiden werden. Dann brechen sie auf in die fernen tropischen Länder im Süden oder zu den Wüsten des Nordens, um die Gegenstände zu tauschen, die ihnen der Herrscher anvertraut hat (feine Gewänder, Obsidianschmuck usw.). Die Reise ist lang und gefährlich und oft treffen sie auf feindselige Stämme oder erbitterte Feinde der Azteken. Zuweilen kommt es dann zum Kampf und einige Pochtecas werden sogar getötet oder gefangen genommen. Der Legende zufolge hat die aztekische Armee einst zwei Händler befreit, die schon mehrere Jahre lang gefangen saßen. Wegen ihrer langen, dreckigen Haare hatte sie jedoch keiner mehr erkannt ...

TRADITION UND DISKRETION

Die Pochtecas sind Händler von Generation zu Generation. Sie leben immer in denselben Vierteln und verehren ihre eigenen Götter. Bisweilen können sie in den Adelsstand aufsteigen, weil sie dem Reich große Dienste erweisen. Der Herrscher bietet ihnen zur Belohnung prachtvolle Geschenke, doch die Pochtecas sind schon wohlhabend, weil sie auch auf eigene Rechnung arbeiten. Anstatt mit ihrem Reichtum zu protzen, bevorzugen sie Diskretion und kehren daher stets bei Nacht von ihren Reisen zurück, um von niemandem gesehen zu werden.

Die mitgebrachten Schätze

Nach ihrer Heimkehr legen die Händler dem Herrscher die gesammelten Schätze zu Füßen: Jadesteine, Türkise, Smaragde, Schmuckstücke, Muscheln, seltene Hölzer, Kautschuk, Duftstoffe und Duftharze, bunte Federn, Jaguarfelle, tropische Tiere – alles Dinge, die in den Ländern Anáhuacs nicht vorkommen. Die Pochtecas überbringen dem Herrscher auch Informationen, die für seine künftigen Eroberungen von Interesse sein dürften. Denn diese Händler sind zugleich vorzügliche Spione. Es versteht sich daher, dass die Pochtecas mutige, aber verschwiegene Leute sind.

um 950
Die Tolteken beherrschen Zentralmexiko. Sie übernehmen das kulturelle Erbe von Teotihuacán und entwickeln sich zu einem mächtigen Volk. Ihr Einfluss wird sich bis ins Land der Maya ausweiten.

960
Kaiser Zhao Kuangyin begründet die Song-Dynastie und stellt die Reichseinheit Chinas wieder her. Den hochbegabten Song verdanken wir die Kunst der Feinporzellanherstellung sowie große literarische Werke. 1279 geht die Dynastie unter.

🫘 Der große Markt von Tlatelolco

In Tlatelolco, der Partnerstadt von Tenochtitlán, findet der größte Markt im gesamten Reich statt, zu jener Zeit zweifellos einer der bedeutendsten der Welt. Die Spanier sind hingerissen von seinem Reichtum und seiner Aufteilung. Alles ist entlang von schnurgeraden Gassen aufgebaut und jedes Erzeugnis hat seinen Bereich. Hier die Tiere: Truthähne, Enten, Hasen, Hunde – die Azteken essen Letztere auch –; dort die Feldfrüchte: Mais, Kürbisse, Bohnen, diverse Pflanzen und Heilkräuter; an anderer Stelle finden sich die Waren der Fischer und Jäger und noch weiter kommen die Sklaven, die oft aus fernen Ländern stammen. Die Handwerker – Goldschmiede, Weber, Federschmuckknüpfer usw. – haben ebenfalls ihre eigenen Viertel, je nach ihrem Beruf.

An manchen Tagen drängen sich hier mehr als 40 000 Menschen, um zu kaufen, zu verkaufen oder auch nur um die abertausend Produkte aus ganz Mexiko zu bewundern. Und trotzdem gibt es hier weder Geschubse noch Geschrei, weder Durcheinander noch Schmutz wie in Europa, denn die aztekische Ordnung gilt auch hier. In den Gassen drehen Wachleute ihre Runden, Richter regeln Streitigkeiten zwischen Käufern und Verkäufern. Unehrliche Händler oder Diebe werden auf der Stelle bestraft: Manche finden sich im Handumdrehen als Sklaven auf dem Markt wieder!

Szene vom großen Markt in Tlatelolco, 1945 gemalt von dem berühmten Diego Rivera. Die Händler tauschen untereinander Kakaosamen, die als Geld dienen.

Das Fehlen von Zugtieren und Karren stört nicht in diesem gewaltigen Land der Berge, wo es keine Straßen gibt. Die Karawanen der Pochtecas bestehen aus langen Kolonnen von Trägern – in Wirklichkeit sind es Sklaven –, die am Ende der Reise mitsamt ihrer Ladung verkauft werden.

🌍 **986**
Nachdem er wegen Mord aus Island verbannt wurde, gründet der Wikingerhäuptling Erik der Rote eine Siedlung in Grönland (875 von den Wikingern entdeckt). Hier leben bereits die Inuit, auch Eskimos genannt.

990
Um die Adelskriege einzuschränken, die das Land verwüsten, setzt die Kirche den Gottesfrieden durch. Er verbietet den Rittern Angriffe auf Ordensleute, Bauern, Händler sowie alle unbewaffneten Personen.

Der Tlatoani und sein Adel

Der Hof des großen Aztekenherrschers Moctezuma braucht keinen Vergleich mit den europäischen Königshöfen des Mittelalters zu scheuen. In seinem Palast im Herzen Tenochtitláns beeilen sich Hundertschaften von Dienern, selbst seine geringsten Wünsche zu erfüllen. Die Kurtisanen und Adligen nähern sich ihm respektvoll, um einen Befehl zu empfangen oder seine Gunst zu erbitten.

Moctezuma II.
ist gerade Herrscher, als die Spanier an Land gehen. 1502 hat er die Nachfolge seines Onkels Ahuízotl angetreten und viele Gebiete erobert. Er achtet sehr die Traditionen.

Der Tlatoani

Dem obersten Herrscher der Azteken schulden alle Menschen, Kinder wie Erwachsene, blind ergebenen Gehorsam. Im Unterschied zu vielen europäischen Königen derselben Epoche wird der Tlatoani von einem Rat gewählt, in dem die hohen Würdenträger, die Generäle und die Hohepriester der Stadt Tenochtitlán vereint sitzen. Der neue Herrscher wird stets aus der Familie des soeben Verstorbenen ernannt, und zwar aus dem Kreis seiner begabtesten Söhne, Brüder oder Neffen.

Der „Vater" seines Volkes

Der Herrscher regiert über Tenochtitlán und ganz Anáhuac. Wie seine Vorfahren vor ihm führt er Eroberungen durch und vergrößert auf diese Weise das Reichsgebiet. Er belohnt die tapferen Krieger und ernennt die Offiziere. Die Händler, die Pochtecas, bringen dem Herrscher Produkte aus fernen Ländern, die er dann nach Belieben verteilt. Der Tlatoani führt auch den Vorsitz bei den religiösen Zeremonien, denn er ist der Auserwählte und Stellvertreter des Gottes Huitzilopochtli auf Erden. Er ist aber auch der „Vater" seines Volkes, für das er Gerechtigkeit walten lässt, indem er Übeltäter bestraft und die Schwachen beschützt. Er wacht über die öffentliche Ordnung und lässt Lebensmittel an die Armen verteilen.

1000
Die panische Angst vor dem Jahr 1000 – und dem Ende der Welt! – hat nicht wirklich existiert. Nur einige sehr gebildete Geistliche in Europa kennen dieses Datum und harren einer Katastrophe, die sich tausend Jahre nach Christi Geburt ereignen soll ...

um 1000
Mehr als 600 Riesenstatuen, die „Moai", werden auf der Osterinsel im östlichen Pazifik aufgestellt. Die im Schnitt 4 m hohen Figuren stellen wahrscheinlich verstorbene Häuptlinge oder Götter dar, die über die Bewohner der Osterinsel wachen.

Die Tecuhtlis

Der Herrscher übt seine Macht mithilfe der Feudalherren aus. Von diesen Tecuhtlis gibt es viele und sie sind überall im Reich zu finden: Vom einfachen Orts- oder Dorfvorsteher über Richter, Gouverneure, Steuereintreiber und Feldherren sind alle vertreten. Sie bilden eine überaus leistungsfähige Verwaltung. Die niederen Tecuhtlis werden von den Räten der Dörfer oder der Wohnviertel gewählt; die Ranghöheren werden vom Herrscher ernannt, oft in der eigenen Familie oder aus dem Kreis seiner nahen Angehörigen. Sie alle werden auf Lebenszeit ernannt, jedoch sind ihre Privilegien nicht auf ihre Kinder übertragbar. In der aztekischen Welt gibt es keinen Erbadel. Das Kind wird seinen Rang nur dank persönlicher Verdienste behalten können.

UNBERÜHRBAR

Niemand darf dem Herrscher in die Augen sehen oder ihn berühren. In seiner Gegenwart müssen sich alle die Schuhe ausziehen. Die Mahlzeiten nimmt er, vor neugierigen Blicken geschützt, hinter einem Wandschirm ein. Er allein darf den Türkis tragen, jenen kostbaren grünblauen Stein, ein Symbol der Macht und des Göttlichen.

Die Privilegien der Tecuhtlis

Mögen auch gravierende Unterschiede zwischen den Tecuhtlis im Hinblick auf ihren Verantwortungsbereich und ihre Kompetenzen bestehen, so gehören sie dennoch alle einer privilegierten Adelsschicht an. Je nach ihrem Status dürfen sie feine Gewänder und einen Ornat aus Gold und Federn tragen. Sie erhalten Ländereien, die ihnen eine Existenzgrundlage bieten und es ihnen erlauben, sich ganz ihrem Beruf zu widmen. Sie streben nicht nach Reichtum, denn in ihren Augen gilt allein das Ansehen. Die Söhne der Tecuhtlis sind berechtigt, in besondere Schulen (Calmecacs, *siehe S. 30-31*) einzutreten. Sobald sie erwachsen sind, ernennt sie der Herrscher oft zu Botschaftern und Steuereintreibern.

um 1000
Die Wikinger landen an den Küsten Labradors in Nordamerika. Hier werden sie einige Jahrzehnte bleiben, um Handel zu treiben, aber schließlich werden sie von den Inuit und den Indianern vertrieben.

1050
In China wird der Buchdruck erfunden: Mithilfe beweglicher Holzlettern können Texte zusammengestellt und dann auf einem Papier aus Reisstroh gedruckt werden.

Ein Volk von Kriegern

Bei den Azteken sind alle Männer dazu aufgerufen, Kämpfer zu werden. Kriege sind nicht nur notwendig, um das Reich zu vergrößern – sie dienen vor allem dazu, Gefangene zu machen, die anschließend geopfert werden. Wie die im Kampf gefallenen Krieger verwandeln auch sie sich der Sage nach in Kolibris, die die Sonne auf ihrem morgendlichen Lauf begleiten ...

Bei großen aztekischen Zeremonien tanzen die Krieger zum Klang der Trommeln.

Gefangene machen

Vorrangiges Ziel der aztekischen Krieger ist es nicht zu töten, sondern möglichst viele Gefangene zu machen. Hat ein junger Krieger einen Gefangenen gemacht, darf er sich seine lange, verfilzte Haartracht abschneiden, das sichtbare Zeichen seiner fehlenden Erfahrung – und Anlass für den Spott der Mädchen. Man bietet ihm Geschenke zur Belohnung, denn jetzt ist er ein richtiger Krieger. Von nun an erhält er für jeden neuen besiegten und lebendig mitgebrachten Feind immer kostbarere Geschenke; ja, er darf sogar reich verzierte Kleider aus feiner Baumwolle tragen. Später wird er vielleicht einmal ein Häuptling oder gar ein Mitglied des kaiserlichen Hofstaats.

Adler-Krieger und Jaguar-Krieger

Die tüchtigsten Kämpfer sind sehr angesehen. Nur sie dürfen in einen der beiden höchst angesehenen Militärorden der aztekischen Gesellschaft eintreten. Die Adler-Krieger oder Sonnen-Krieger tragen einen Helm in Form eines Adlerkopfs und ein Gewand aus Federn. Die Jaguar-Krieger, die Kämpfer von Tezcatlipoca, dem Gott der Nacht und der Zauberer, bekleiden sich mit einem Helm und einem Jaguarfell.

Diese Keramikstatue eines Adler-Kriegers wurde in den Ruinen des Großen Tempels von Tenochtitlán entdeckt.

1054
Mehrere Jahrhunderte voller Konflikte führen zum Schisma, also einer Spaltung zwischen den Christen in Okzident (= Westen) und Orient (= Osten). Seitdem sind die katholische und die orthodoxe Kirche getrennt.

1055
Bagdad, die Hauptstadt der arabischen Welt, wird von den türkischen Seldschuken erobert. Sie gliedern ganz Kleinasien aus dem Byzantinischen Reich aus und herrschen über ein Gebiet, das sich von der Ägäis bis nach Turkestan erstreckt.

🫒 Gut ausgerüstete Soldaten

Die Azteken verwenden Metall nur zur Herstellung von Schmuckstücken und Kleinwerkzeugen. Ihre Waffen fertigen sie aus Holz, Leder und Stein an. Bei den Verteidigungswaffen sind die Holzschilde (Chimallis) oft mit Federn oder Pelzen, manche Paradeschilde sogar mit Intarsien aus Gold und Edelsteinen verziert. Die Helme haben eine vorwiegend dekorative Funktion und dienen den Kämpfern zur gegenseitigen Erkennung. Die mit Baumwolle gefütterten Mäntel (Ichcahuipillis) schließlich schützen die Krieger gegen Pfeile und Lanzen. Die Angriffswaffen sind einfach, aber sehr wirkungsvoll. Ausgestattet sind die Azteken mit Schleudern, Lanzen, Pfeilen und Bögen, Dolchen und Keulen. Außerdem benutzen sie Speerschleudern (Atlatls) für ihre Wurfspeere. Die gefürchtetste aller Waffen ist jedoch der Macahuitl, eine Art Schwert aus Hartholz, in dessen Schneiden sehr schmale, scharfe Obsidianklingen eingelassen sind. Die spanischen Eroberer haben bestätigt, dass ein Macahuitl einen Reiter mitsamt seinem Pferd spalten konnte!

Chimalli (Paradeschild)

Huehuetl (Kriegs- oder Zeremonientrommel)

Atlatl (Parade-Speerschleuder)

Macahuitl

DER „BLUMENKRIEG"

Die Kriegsgefangenen werden nach Tenochtitlán gebracht und dort den Göttern geopfert, aber es sind nie ausreichend viele. In Friedenszeiten organisieren daher die Städte des Dreibunds (siehe S. 26-27) Kämpfe mit verfeindeten Städten. Im Verlauf dieser „Blumenkriege" bringt jede Armee ihren Anteil an Gefangenen nach Hause, die anschließend geopfert werden. Dieser Bedarf an Menschen für die Opferungen erklärt, weshalb die Azteken die unabhängigen Fürstentümer in der Mitte des Reichs bestehen lassen.

1065
Entstehung des Rolandsliedes in Nordfrankreich. Dieses Heldenepos schildert die Kriegstaten von Karl dem Großen und seinen Gefährten, von denen einer sein Neffe Roland ist.

1066
Der Herzog der Normandie, Wilhelm der Eroberer, überfällt England. Der kostbare Wandteppich von Bayeux (Normandie) zeigt die Überfahrt und den Sieg in der Schlacht bei Hastings.

🔵 Die Kriegserklärung

Bei den Azteken läuft der Krieg nach genau festgelegten Regeln ab. Zum Krieg kommt es, wenn eine rivalisierende Stadt zu gefährlich wird, wenn eine Provinz sich weigert, ihre Steuern zu bezahlen, oder wenn aztekische Händler, die Pochtecas, angegriffen und ausgeraubt werden. Dreimal werden aztekische Feudalherren als Botschafter entsandt, um den Feind zur Unterwerfung aufzufordern. Sollten die Verhandlungen scheitern, erklärt der Herrscher den Krieg, nachdem er zuvor als Zeichen seiner Redlichkeit Waffen symbolisch überreicht hat.

🟠 Der Kampf

Die Armeen treffen auf dem Land oder vor den Toren der Stadt aufeinander. Zunächst werfen sich die Häuptlinge Beleidigungen an den Kopf; die Männer stimmen ein Kriegsgeheul an und schlagen sich auf den Körper, um den Gegner zu beeindrucken. Dann beginnt die Schlacht. Die Befehle werden zum Klang von Muschelhörnern, Flöten, Schnarren und vor allem den berühmten Huehuetls (Kriegstrommeln) erteilt. In einem Hagel aus Pfeilen, Lanzen und Steinen stehen sich die Krieger Mann gegen Mann gegenüber. Jeder versucht den Gegner niederzuschlagen oder zu verwunden, um ihn anschließend zu fesseln und ihn als Gefangenen heimzuführen. Die Schlacht ist zu Ende, sobald die feindliche Stadt eingenommen und ihr Haupttempel niedergebrannt ist *(siehe unten)*. Dann legen die Besiegten ihre Waffen nieder und liefern sich den Siegern aus, wobei sie um deren Gnade flehen.

Die gefallenen Krieger sind für die Azteken Helden. Ihnen zu Ehren werden große Zeremonien abgehalten und ihre Witwen waschen sich 80 Tage lang nicht mehr!

Schrift-
zeichen für
„Sieg"

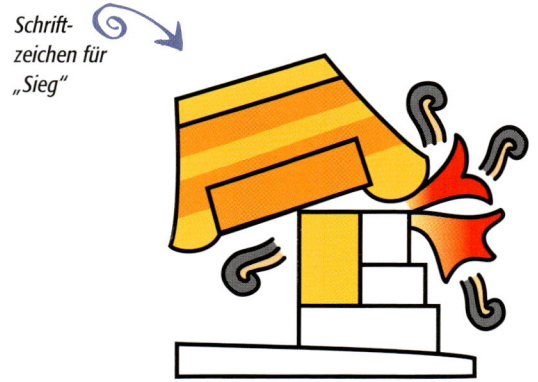

um 1085
Erste schriftliche Erwähnung eines Kompasses mit Magnetnadel in einem chinesischen Werk. Seine allgemeine Verwendung in der Seefahrt erfolgt erst später, doch schon Ende des 11. Jahrhunderts ist er für die Seefahrer aus Kanton ein gängiges Hilfsmittel.

1096-1099
Papst Urban II. ruft zum 1. Kreuzzug auf, der die Befreiung des Grabes Christi zum Ziel hat. Jerusalem fällt 1099 nach dem Massaker der Kreuzritter an den Juden und Moslems. Gottfried IV. von Niederlothringen wird der erste König von Jerusalem.

1100
Die nachklassische Mayakultur erlebt auf der mexikanischen Halbinsel Yucatán eine letzte Blüte. Mit Mayapán, Chichén Itzá und Uxmal entstehen die letzten Städte. Diese neue Periode wird stark von der toltekischen Kultur von Tula beeinflusst sein.

1144
Beginn der gotischen Kunst, die sich von Nordfrankreich aus in ganz Europa verbreitet. Ab dem 13. Jahrhundert entsteht das mächtige Straßburger Münster, ab dem 14. Jahrhundert der Kölner Dom, die größte gotische Kirche Deutschlands.

Tenochtitlán, die Hauptstadt

Im November 1519 bietet sich dem Konquistador* Hernán Cortés nach einer Passüberquerung zwischen zwei schneebedeckten Vulkanen ein atemberaubender Anblick: Vor ihm öffnet sich ein weites Tal, in dem unten der große Texcocosee glitzert. Und inmitten des Wassers liegt, strahlend schön, Tenochtitlán, die Hauptstadt der Azteken.

Eine gewaltige Stadt

Bei ihrer Ankunft in Tenochtitlán sind die Spanier überwältigt, wie groß und gut organisiert sich die aztekische Stadt präsentiert. Manche behaupten gar, dies sei die schönste Stadt, die sie kennen, mit ihren Tempeln und Palästen, ihren Plätzen und Gärten, den breiten Straßen und den vielen Kanälen. Tenochtitlán ist größer als Sevilla oder Granada in der spanischen Heimat. Hier leben mehr als 700 000 Menschen, zu denen man noch die Bewohner aus dem Umland des Sees rechnen kann.

Plan der Stadt Tenochtitlán, der wahrscheinlich von Cortés an Kaiser Karl V. geschickt wurde. Norden ist links auf der Karte.

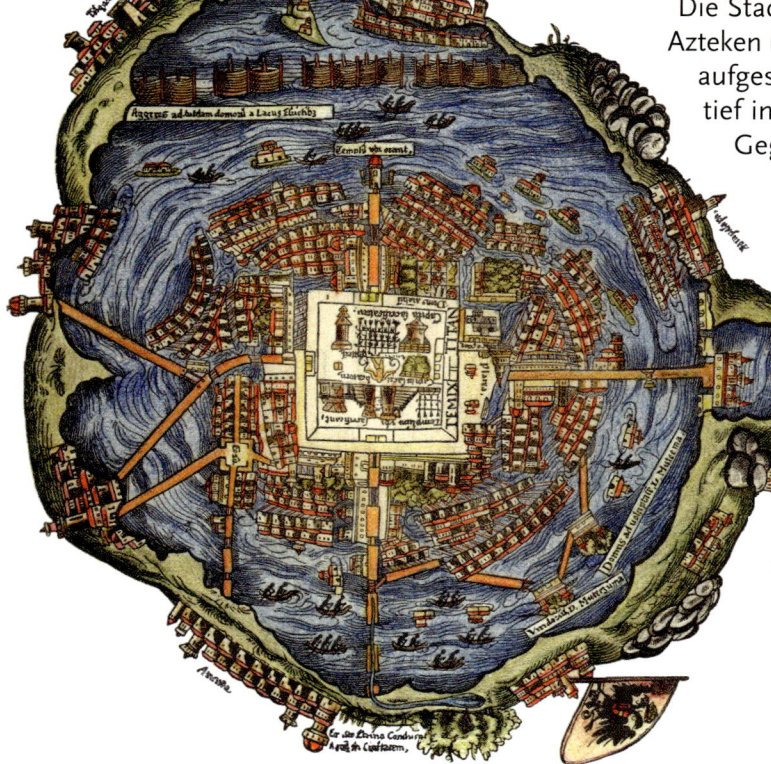

Das Venedig Mittelamerikas

Die Stadt ist auf sumpfigen Inselchen erbaut, welche die Azteken künstlich angelegt haben. Hierzu wurden Erdhügel aufgeschüttet und Pfähle zur Stabilisierung des Bodens tief in den Schlamm getrieben. Wie sein europäisches Gegenstück, Venedig, ist Tenochtitlán von etlichen Kanälen durchzogen, auf denen zahlreiche Boote kreuzen. Manche dieser Kanäle sind sehr breit und von Straßen gesäumt. Über schmälere Kanäle gelangt man bis in die Häuser und Paläste. Bewegliche Holzbrücken überspannen die Kanäle. Vier Hauptstraßen gliedern die Stadt und münden an den Toren des heiligen Bezirks. Tenochtitlán ist über lange, schnurgerade Steindämme mit den Ufern des Sees verbunden. Die spanischen Eroberer bestätigen, sie seien so breit, dass zehn Reiter nebeneinander herreiten können.

um 1150
Tula wird von Stämmen aus dem Norden, den Chichimeken, zerstört. Die toltekische Kultur geht unter und Zentralmexiko erlebt eine schlimme Zeit. Doch die Chichimeken begründen eine Kultur und legen Städte an.

1150
Im heutigen Kambodscha entsteht die buddhistische Tempelanlage Angkor Vat. Nun beginnt die Blütezeit des Khmer-Reichs, das im 15. Jahrhundert das heutige Kambodscha, Laos sowie einen Teil von Thailand umfassen wird.

DER AHUÍZOTL-DAMM

Der Texcocosee ist der größte See im Hochtal von Mexiko, jedoch ist sein Wasser brackig*. Um zu verhindern, dass das schmutzige Wasser in die Hauptstadt und die Inselchen eindringt, hat Herrscher Ahuízotl, der Onkel Moctezumas, einen langen Damm bauen lassen. Er schützt die rings um Tenochtitlán angelegten Ackerflächen.

DER HEILIGE BEZIRK

Er bildet das Herz Tenochtitláns, wo die bedeutendsten Tempel der Hauptstadt stehen (siehe S. 50-51).

IXTACCÍHUATL

Der Name dieses Berges bedeutet „Die weiße Frau", denn sein stets schnee-bedeckter Gipfel erinnert an die Gestalt einer liegenden Frau.

POPOCATÉPETL

Diesen Vulkan nennen die Azteken den „Rauchenden Berg", denn aus seinem selbst im Sommer schneebedeckten Krater steigt unablässig Rauch auf. Manchmal bricht der Vulkan aus.

DER WEG VON CORTÉS

DIE SEEN VON CHALCO UND XOCHIMILCO

Da diese beiden Seen Süßwasser führen, ermöglichen sie eine bedeutende und fruchtbare Landwirt-schaft. Noch heute kann man die berühm-ten „Schwimmenden Gärten" von Xochimilco besuchen.

TLATELOLCO UND SEIN MARKT

Auch diese Stadt ist auf sumpfigen Inselchen erbaut worden: Tlatelolco, der „Ort des Erdhaufens". Sie wurde 1473 von den Azteken erobert. Ihr großer Tempel ist noch eindrucksvoller als jener von Tenochtitlán. Durch die Gassen ihres riesigen Markts wälzt sich eine gewaltige Menschenmenge (siehe S. 39).

DER GROSSE PLATZ

Hier trifft sich das Volk zu wichtigen Zeremonien und wohnt Aufführungen ritueller Tänze bei. Heute befindet sich hier der Zócalo, der Haupt-platz von Mexiko-Stadt.

ERSTE BEGEGNUNG VON CORTÉS UND MOCTEZUMA

(siehe S. 66-69)

1161

In China wird das Schießpulver erfunden. Es wird zunächst für Feuerwerk benutzt, später auch für Feuerwaffen. Sein Siegeszug in der moslemischen Welt und Europa beginnt erst im 13. Jahrhundert.

1170-1220

Der Minnesang erlebt seine Blüte an den deutschen Fürstenhöfen. Berühmte Dichter wie Walther von der Vogelweide und Wolfram von Eschenbach erschaffen kunstvoll gereimte Liedstrophen mit eigener Melodie. Zum Thema haben sie vor allem die Liebe.

47

Das Leben in der Stadt

Tenochtitlán ist eine sehr lebhafte Stadt. Im Morgengrauen werden die Herdfeuer entzündet und das Leben erwacht. Die Männer brechen zu ihrer Arbeit auf und die Frauen kümmern sich um die häuslichen Pflichten und die Kinder. Wasser holen sie bei den von mehreren Aquädukten* gespeisten Brunnen. Jeden Tag kommen tausende von Bauern in die Stadt – zu Fuß oder mit einem der unzähligen Kanus, welche die Lagune* befahren. Sie bringen ihre Erzeugnisse bis zu den Märkten. Die Priester sind rings um die Tempel geschäftig, deren hohe Silhouetten das Stadtbild prägen. Die Adligen begeben sich zum Palast von Moctezuma, um den Worten des Herrschers zu lauschen. Trotz dieses Gewimmels bleibt die Hauptstadt ruhig und sehr sauber, denn die Azteken sind ein sehr ordentliches Volk.

Die Schwimmenden Gärten

Rings um Tenochtitlán haben die Azteken Chinampas angelegt, die man auch als „Schwimmende Gärten" bezeichnet. Hierbei handelt es sich um künstliche Inseln, die aus aufgeschütteter Erde und Wasserpflanzen bestehen. Diese Erde ist sehr fruchtbar und die Azteken bauen dort eine Vielzahl von Gemüsen, Früchten, Blumen und sogar Bäume an. Dank dieser Gärten ist die Hauptstadt ganzjährig versorgt.

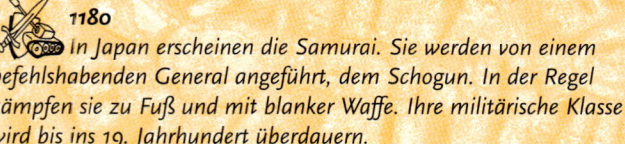

1180
In Japan erscheinen die Samurai. Sie werden von einem befehlshabenden General angeführt, dem Schogun. In der Regel kämpfen sie zu Fuß und mit blanker Waffe. Ihre militärische Klasse wird bis ins 19. Jahrhundert überdauern.

1187-1192
Saladin, ein moslemischer Sultan, nimmt Jerusalem ein. Er erobert einen großen Teil der christlichen Gebiete im Heiligen Land zurück. Mit ihm handelt Richard Löwenherz beim 3. Kreuzzug freies Geleit für die christlichen Pilger aus.

Dieses Bild aus dem 16. Jahrhundert ist die einzige erhaltene, sehr schematische (!) Darstellung des Palasts von Moctezuma.

Der Palast von Moctezuma

Die Herrscherresidenz befindet sich am östlichen Rand des Großen Platzes, unweit des heiligen Bezirks. Der Palast ist so weitläufig, dass man einen ganzen Tag lang darin spazieren gehen kann, ohne einmal umzukehren! Rings um den zentralen Innenhof liegen ebenerdig jene Gebäude, wo die Beamten und Diener des Herrschers arbeiten: Versammlungsräume, Gerichtssäle, Kerker, Vorratshäuser, Küchen, Werkstätten. Eine Ebene höher, auf den Terrassen, folgen die Wohnungen des Tlatoani und der Adligen, vor allem aber natürlich der Thronsaal, wo Moctezuma regiert. Nach der Eroberung durch die Spanier wird der Palast zerstört. Dieser Palast ist nicht der einzige in der aztekischen Hauptstadt. Denn jeder Herrscher ließ sich seinen eigenen bauen. In einem von ihnen werden sich die Spanier zu Beginn der Eroberung einquartieren.

EIN MÄRCHENGARTEN

Hinter seinem Palast lässt Moctezuma einen Park anlegen, wo die spektakulärsten Tiere und Pflanzen Mexikos versammelt sind: Fische der Meere und Flüsse, Vögel mit bunten Federn, Jaguare, Pumas und andere Raubtiere, seltene Pflanzen ... Dies ist möglicherweise der älteste botanisch-zoologische Garten der Welt!

Eine auf Steuern begründete Macht

Wie in allen organisierten Gesellschaften müssen die Vasallenstädte von Tenochtitlán Tributzahlungen leisten. Da es bei den Azteken noch kein Geld gibt, werden diese in Form von Naturalien beglichen. Mehrmals im Jahr werden tausende von Gegenständen, Tieren und Pflanzen in die Hauptstadt geschickt. Manche, die auf den Rücken von Sklaven transportiert werden, kommen von sehr weit her: Felle, kostbare Geschmeide und Edelsteine, Parfüms, tropische Früchte, Vogelfedern, Kakaobohnen, Blumen, lebende Tiere usw. All diese Produkte werden in den Vorratskammern des Herrscherpalasts eingelagert und machen die Regenten zu sehr mächtigen Männern.

Der Codex Mendoza, von aztekischen Schreibern rund 20 Jahre nach der Eroberung verfasst, liefert uns zahlreiche Informationen über ihre Kultur. Die hier abgebildete Seite zeigt diverse von den Städten im Reich an Tenochtitlán geleistete Tributzahlungen: Webkleider, Pfeffersäcke, Kriegstrachten und -schilde, Türkis und Obsidian.

um 1200
In den Bergen Südperus begründet König Ayar Manco die Dynastie der Inka. Die Existenz der vier ersten Inkakönige ist geschichtlich nicht verbürgt. Unter der Herrschaft von König Mayta Cápac beginnen die Inka 1260 mit der Eroberung ihrer Nachbarregionen.

um 1200
Die Mongolen, Steppenvölker aus Zentralasien und Sibirien, führen unter ihrem Anführer Dschinghis Khan, dem „Weltherrscher", eine Reihe von überwältigenden Eroberungszügen durch. Einige Jahre später nehmen sie China im Handstreich und zerstören Peking.

49

Der heilige Bezirk von Tenochtitlán

Das zeremonielle Zentrum von Tenochtitlán ist das Herz der Stadt: ein riesiges, quadratisches Areal von rund 500 m Seitenlänge, das von einer langen, zinnenbewehrten und mit Schlangenköpfen verzierten Mauer umsäumt ist. Das Volk hat hier außer bei den großen religiösen Zeremonien keinen Zutritt. Innerhalb des Bereichs befinden sich die wichtigsten Gebäude und Haupttempel der Stadt. Und davon gibt es 78 ...

① **DER GROSSE TEMPEL**
Der Teocalli (Haus der Götter) ist das eindrucksvollste Bauwerk des heiligen Bezirks: eine etwa 45 m hohe Pyramide, die von zwei Tempeln gekrönt ist. Der Nordtempel ist Tlaloc geweiht, dem Gott des Regens und des Wassers. Der mit gemeißelten Schädeln geschmückte Südtempel ist Huitzilopochtli geweiht, dem höchsten Gott der Azteken, der sie zum Hochtal von Mexiko geführt hat. Bei den Zeremonien steigen die Gefangenen die 114 Stufen zu den Tempeln hinauf, wo die Menschenopferungen vollzogen werden. Der große Teocalli von Tenochtitlán ruht auf den Überresten älterer Teocallis. Die Archäologen unterscheiden sieben aufeinander folgende Baustufen; jede ist mit einem wichtigen Ereignis in der aztekischen Geschichte verbunden.

② **DER QUETZACOATL-TEMPEL**
Quetzalcoatl, der Gott der Künste und Kultur, und Ehecatl, der Gott des Windes und der Stürme, sind im Grunde ein und dieselbe Person *(siehe S. 56)*, die in der aztekischen Religion sehr wichtig ist. Deshalb befindet sich der Tempel, der dieser Gottheit geweiht ist, im Mittelpunkt des heiligen Bezirks, direkt gegenüber des Teocalli. Im Unterschied zu den anderen Bauwerken ist dieses hier rund. Es steht auf einer Pyramidenbasis.

③ **DER TONATIUH-TEMPEL UND DER GLADIATORENSTEIN (TEMALACATL)**
Tonatiuh, der Sonnengott, ernährt sich vom Blut der Geopferten. Zu Füßen seines Tempels befindet sich eine große Steinplatte, auf der sich eine besondere Zeremonie abspielt: Ein mit einem losen Strick gefesselter und mit hölzernen Waffenimitationen ausgestatteter Gefangener muss sich vier aztekischen Kriegern stellen, die mit ihren schrecklichen Macahuitls bewaffnet sind. Schon sehr bald ist er verwundet und wird zum Opferstein geschleppt, um dort zu sterben.

1212
Die christlichen Armeen erringen bei Las Navas de Tolosa einen entscheidenden Sieg über die spanischen Moslems. Einige Jahre später fallen auch Córdoba und Sevilla. Den Mauren wird nur das Königreich Granada bleiben.

1232
Beginn der Inquisition. Dieses (oft sehr grausame) Glaubensgericht mit eigener „Polizei" wurde von der katholischen Kirche zur Bekämpfung der Ketzer geschaffen, also jener, die nicht wortgetreu die christliche Lehre befolgen.

④ DAS GÖTTERGEFÄNGNIS (COACALCO)

In diesem Tempel befinden sich die Statuen der fremden Götter. Sie wurden bei aztekischen Eroberungen aus ihren ursprünglichen Heiligtümern geraubt und werden wie Gefangene bewacht.

⑤ DAS GROSSE CALMECAC

Dies ist die wichtigste der religiösen Schulen von Tenochtitlán. Ihre Schüler sind vornehmlich die Kinder der Adligen, die hier zu Hohepriestern der aztekischen Religion ausgebildet werden.

⑥ DAS SPIELFELD

Alle aztekischen Städte verfügen über ein Gelände für Ballspiele *(siehe S. 36)*. Das Spielfeld von Tenochtitlán ist nicht das größte im Reich, aber sicherlich das bedeutendste, denn es liegt innerhalb des heiligen Bezirks. Bei wichtigen religiösen Zeremonien strömt das Volk zusammen, um den oft sehr gewalttätigen Spielen zuzusehen.

⑧ DER GROSSE TZOMPANTLI

Jedes Jahr werden in Tenochtitlán tausende von Kriegern und Sklaven geopfert. Im Anschluss an die Zeremonien stellt man ihre Schädel, fein säuberlich auf Stöcken aufgespießt, auf großen Podesten vor den Tempeln öffentlich zur Schau. Die Azteken bewahren Haut und Haare der Mutigsten unter ihnen auf. Somit werden die Spanier bei der Einnahme der Stadt mehrere ihrer Gefährten wiedererkennen. Tzompantli bedeutet „Wand der Schädel": Sie ist über und über mit steinernen Totenköpfen dekoriert.

⑦ DER STEIN DER COYOLXAUHQUI

Unterhalb des Großen Tempels befindet sich eine große, behauene Steinplatte. Sie verkörpert eine alte, in Stücke geschnittene Frau. Es handelt sich um Coyolxauhqui, die Schwester von Huitzilopochtli. Der Sage nach soll er sie ermordet haben, als sie ihre Mutter umbringen wollte.

⑨ DAS HAUS DER JAGUAR-KRIEGER

Die Jaguar-Krieger versammeln sich in diesem Palast, der unterhalb des Tezcatlipoca-Tempels liegt. Dieser Ort ist kein Zufall: In den mesoamerikanischen Religionen bringt man den Jaguar mit der Nacht in Verbindung. Und die Nacht ist das Reich Tezcatlipocas ...

⑩ DER TEZCATLI-POCA-TEMPEL

Der Zaubergott gehört zu den wichtigsten aztekischen Gottheiten. Sein Tempel liegt in einer Ecke des heiligen Bezirks. Er ist nach Norden ausgerichtet, denn diese Himmelsrichtung und ihre Regionen werden Tezcatlipoca zugeordnet.

1257
In Paris gründet Robert de Sorbon die Sorbonne, ein Kollegium für arme Studenten. Diese theologische Fakultät erlangt in ganz Europa Berühmtheit. Es folgen weitere Universitäten wie Bologna und Oxford sowie um 1350 Prag und Wien.

1258
Bagdad, die Stadt der Kalifen, wird von den Mongolen eingenommen. Von dieser Katastrophe soll es sich nie mehr erholen und ist von da an nur noch eine einfache Stadt der moslemischen Welt.

Die Schrift, das Gedächtnis einer Zivilisation

Wie die Maya und andere Zivilisationen Mesoamerikas besitzen auch die Azteken eine Schrift. Sie ermöglicht es ihnen, Informationen und wichtige Ereignisse in Erinnerung zu behalten: historische Berichte, religiöse Zeremonien, die Geschichte der Götter, wirtschaftliche und politische Dokumente.

Worte als Bilder

Zum Schreiben verwenden die Azteken stilisierte Zeichnungen, die verschiedene Gegenstände, Elemente der Natur (Wasser, Feuer, Sterne, Pflanzen, Tiere) oder Körperteile (Kopf, Arme, Hände, Beine) bildhaft darstellen. Sie sind, im Gegensatz zu denen der Maya, leicht wiedererkennbar. Diese Symbole dienen zum Geschichtenerzählen. Bei den Azteken wie den Maya kann dasselbe Zeichen nicht nur einen Gegenstand symbolisieren, sondern auch eine – zuweilen abstrakte – Vorstellung, welche mit dem Objekt in Zusammenhang steht: So bedeutet z.B. das Bild eines Schilds natürlich „Schild", aber ebenfalls „Krieg"; eine Blume kann die Pflanze oder aber das Opferblut darstellen und Fußabdrücke stehen für eine Reise.

Darstellung des aztekischen Herrschers mit seinem Namen. Die „Sprechblase" bedeutet, dass er spricht.

Dieser Schild mit Pfeilen kann als Zeichen für Krieg gedeutet werden.

Fußabdrücke, Symbol für das Reisen

Bilder und Klänge

Zum Aufschreiben der oftmals komplizierten Orts- oder Personennamen wählt man die Zeichen nach ihrer Aussprache. Dann werden sie nebeneinander gesetzt und ergeben so, ein wenig nach Art unserer Bilderrätsel, den Namen des Herrschers oder der Stadt.

Gesprochen wird bei den Azteken das Nahuatl, eine blumige und poetische Sprache. Sie lieben lange, rhetorisch anspruchsvolle Gespräche. Wer spricht, wird in den Codices (Handschriften) und auf den Stelen* mit einer Art Sprechblase vor dem Mund dargestellt. Hat diese die Form einer Blüte, bedeutet sie „Gesang" oder „Gedicht". Nahuatl wird noch von mehreren Millionen Menschen gesprochen und ist heute eine der wichtigsten Sprachen Mexikos.

Oaxaca = dort, wo das Land der Guajen beginnt

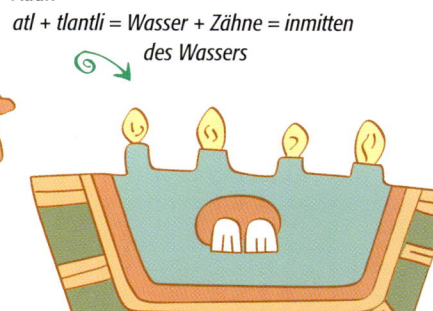

Atlan
atl + tlantli = Wasser + Zähne = inmitten des Wassers

1270
Aufkommen der ersten Seekarten. Auf diesen so genannten Portulanen sind anfänglich nur küstennahe Hafenverbindungen verzeichnet und sie enthalten allerlei Angaben zu Winden, Strömungen, Wassertiefen usw., die das Steuern des Schiffs erleichtern.

1270
Beim 8. Kreuzzug lässt Ludwig IX., genannt der Heilige, Tunis belagern, wo er an der Pest stirbt. Die Kreuzzüge enden offiziell 1291 mit der Rückeroberung der Stadt Akko (im Norden Israels) durch die Moslems.

Der Codex Fejervary-Mayer *aus der nachklassischen Zeit ist* mixtekisch, nicht aztekisch. Erst liest man die eine Seite des „Akkordeons", dann dreht man es um und auf der Rückseite geht die Geschichte weiter.

DIE AZTEKISCHEN ZAHLEN

Das Rechnen ist bei den Azteken viel einfacher als bei den Maya. Beide verwenden ein Vigesimalsystem (von 0 bis 20) und kein Dezimalsystem (von 0 bis 10) wie das unsrige.
- *Kreis oder Punkt = 1*
- *Wimpel = 20*
- *kleines Symbol in Form einer Ähre oder eines Haarbüschels = 400 (20 x 20)*
- *Sack mit Kopal* = 8000 (20 x 20 x 20)*

| 1 | 20 | 400 | 8000 |

Die aztekische Schrift dient auch zur Festsetzung der von den Vasallen* zu leistenden Tributzahlungen. Hier, von links nach rechts: 400 Säcke mit feinstem Kopal, 8000 in Blätter eingewickelte Ballen Kopal und schließlich 200 Töpfe Honig.

Die mexikanischen Codices

Genau wie die übrigen Völker Mesoamerikas meißeln die Azteken ihre Texte in steinerne Stelen oder malen sie auf Wände und Tongefäße. Doch der Großteil ihrer Aufzeichnungen wird auf Manuskripten aus Papier oder Haut verfasst, den so genannten Codices, die wie Karten gerollt oder ziehharmonikaartig gefaltet werden. Und sie sind sehr lang: Der *Codex Borbonicus*, so benannt nach seinem Aufbewahrungsort im Palais Bourbon in Paris, bringt es auf satte 14 m Länge!

Diese „Bücher" dienen unterschiedlichen Zwecken. Manche haben religiöse Funktionen und beschreiben die Zeremonien und Götter: Oft handelt es sich hierbei um Kalender. Andere sind historisch und künden von herausragenden Ereignissen und dem Leben der Herrscher. Schließlich gibt es noch solche mit politischem und wirtschaftlichem Inhalt: Hier findet man regionale Karten und Stadtpläne, Steuerlisten und weitere Dokumente aus dem Alltagsleben.

Ein kostbares Vermächtnis

Nach der Eroberung Mexikos werden viele dieser Handschriften von den Missionaren* verbrannt. Jedoch entstehen viele andere erst zu Beginn der Kolonialzeit auf Wunsch der Spanier, die die aztekische Kultur kennen lernen möchten. Weltweit sind noch ungefähr 500 dieser mexikanischen Codices erhalten.

1271-1295
Der Venezianer Marco Polo bricht nach China auf. Mehrere Jahre lang reist er durch Asien bis nach Indochina. Bei seiner Rückkehr verfasst er das Buch Die Wunder der Welt. Dieses Werk zählt zu den wichtigsten Augenzeugenberichten über den Fernen Osten.

um 1300
In Italien und England tauchen die ersten Lesebrillen auf. Der Erfinder (dessen Herkunft nicht gesichert ist) setzt zwei glatte, leicht nach außen gewölbte Gläser (= Linsen) in zwei durch einen Nagel verbundene Holzringe ein.

Die Zeit

Der Lauf der Zeit hat für die Azteken eine große Bedeutung. Die Zeit liegt in den Händen der Götter und entscheidet über das Schicksal der Menschen. Um die Zeit zu messen, verwenden die Azteken zwei verschiedene Kalender: einen Sonnen- und einen heiligen Kalender. Diese haben sie von den Kulturen ihrer Vorgänger übernommen.

Der Xihuitl oder Sonnenkalender

In Tenochtitlán beginnt das Jahr gegen Ende unseres Monats Januar. Es gründet sich auf einen Sonnenkalender mit 365 Tagen, den Xihuitl, was auf Aztekisch auch „Jahr" bedeutet. Dieser Kalender ist praktisch der Volkskalender, weil er den Alltag und das bäuerliche Leben gliedert. Trotzdem spielt er auch im öffentlichen Leben eine nicht unerhebliche Rolle, denn die wichtigsten religiösen Feste und die Menschenopferungen werden anhand seiner Daten festgelegt.

Jedes Jahr trägt einen Namen (Schilfrohr, Silex*, Haus oder Hase) und eine Zahl zwischen 1 und 13. Das Jahr 1519 z. B., in dem Cortés in Mexiko landet, heißt „Eins-Schilfrohr". Der Xihuitl ist in 18 Monate mit je 20 Tagen unterteilt. Es sind Mond-Monate: Sie folgen der Bahn des Mondes am Himmel und tragen jeweils einen besonderen, reichlich komplizierten Namen. Jeder Monat ist einem oder mehreren Göttern geweiht. Zu diesen 360 Tagen rechnet man noch fünf hinzu, die als unheilvoll und gefährlich für die Menschheit gelten. Während dieser Tage bleiben die Bewohner Tenochtitláns zu Hause und warten mit Unruhe auf das neue Jahr ...

Der Tonalpohualli oder heilige Kalender

Der zweite Kalender ist der Tonalpohualli, „der Tageszähler". Mit seiner Hilfe können die Priester die Zukunft der Welt voraussagen. Jeder Tag ist mehreren Gottheiten geweiht. Bestimmte Tage sind unheilvoll und für die Menschen gefährlich; an solchen Tagen sollte man besser nicht geboren sein. Den Tagen des Tonalpohualli sind sowohl eine Zahl (zwischen 1 und 13) als auch ein Name aus einer Liste mit 20 Namen zugeordnet. Der erste Tag im rituellen Kalender heißt „Eins-Krokodil". Für die Wiederkehr dieses Datums muss man 260 Tage warten: So lange dauert ein Zyklus im Tonalpohualli.

Jahre und Jahrhunderte

Die Azteken verwenden diese beiden Kalender gemeinsam. So ist z. B. Dienstag, der 13. August 1521, das Datum der Einnahme Tenochtitláns durch die Konquistadoren*. Für die Azteken ist dies der zweite Tag im Monat Xocotlhuetzi, auch „Eins-Schlange" genannt. Jeder Tag hat also zwei Namen: denjenigen des Sonnen- und den des rituellen Kalenders. Bis diese beiden Namen erneut aufeinander treffen, vergehen 52 Jahre: So lange dauert ein aztekisches Jahrhundert.

DAS NEUE FEUER

Die Azteken glauben, dass das Ende der Welt immer am Ende eines Jahrhunderts kommen kann. An den fünf Unheilstagen des letzten Jahres beten die Menschen, dass die Welt nicht durch Erdbeben zerstört werden möge und dass die hinter dem Horizont lauernden Ungeheuer sie nicht verschlingen. In der letzten Nacht werden große Zeremonien abgehalten (siehe links), um die Wiederkehr der Sonne zu erflehen. Sobald sie sich am Morgen zeigt, beginnt das neue Jahrhundert in einem Freudentaumel.

um 1300
Der italienische Maler Giotto löst sich vom byzantinischen Einfluss und rückt den menschlichen Körper (Gesichtsausdruck, Anatomie) wieder in den Mittelpunkt. Er gilt als Wegbereiter der Renaissance.

1326
Die Kirche eröffnet ein Inquisitionsverfahren gegen Meister Eckhart, weil er ihre Bedeutung und die wörtliche Auslegung der Bibel infrage stellt. Der Prediger nutzt die Volkssprache (statt Latein, wie damals üblich) und bereichert so die deutsche Sprache.

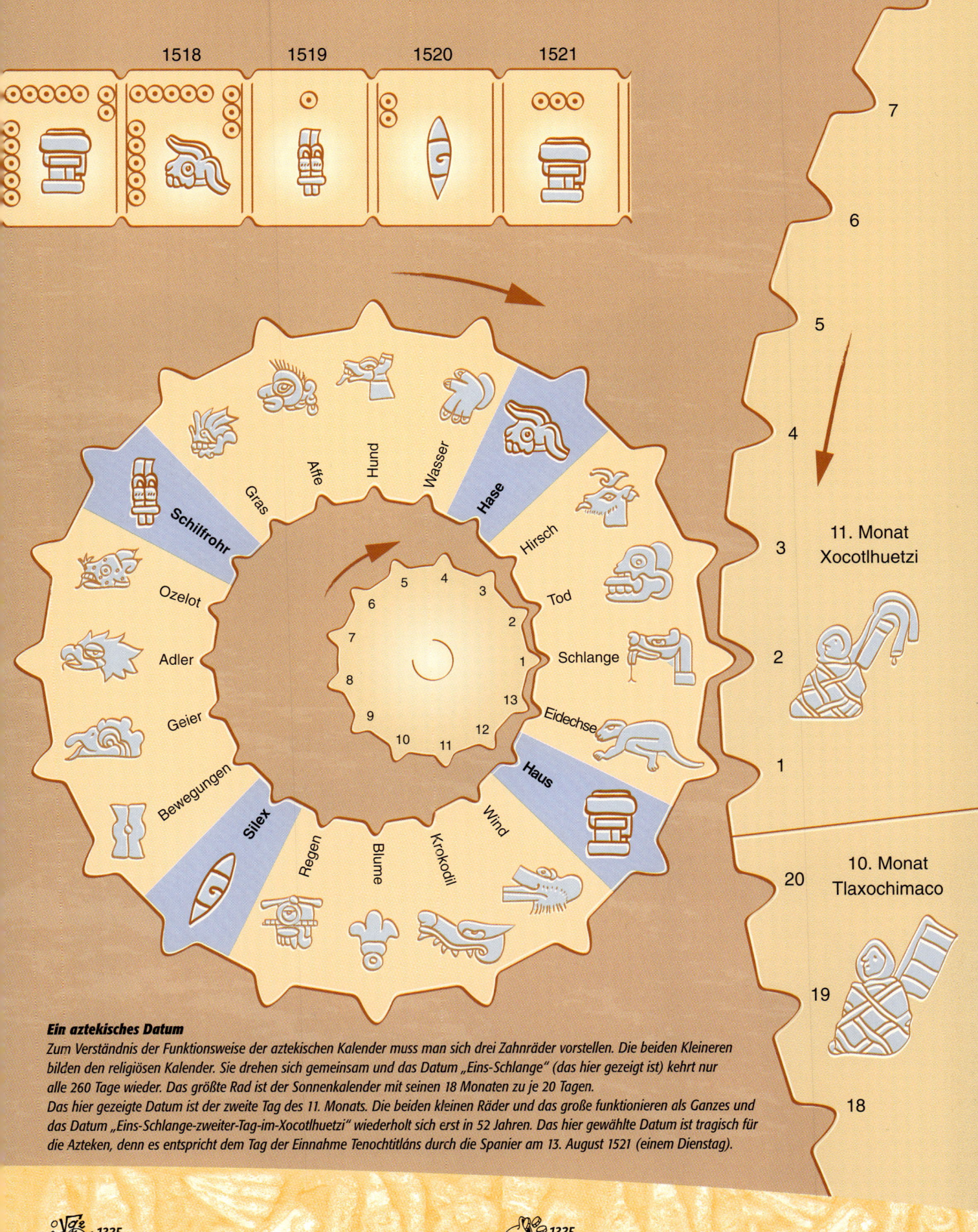

1518 1519 1520 1521

7
6
5
4
3 **11. Monat**
   Xocotlhuetzi
2
1
20 **10. Monat**
    Tlaxochimaco
19
18

Schilfrohr
Gras
Affe
Hund
Wasser
Hase
Hirsch
Tod
Schlange
Eidechse
Haus
Wind
Krokodil
Blume
Regen
Silex
Bewegungen
Geier
Adler
Ozelot

5 4 3
6 2
7 1
8 13
9 12
10 11

Ein aztekisches Datum

Zum Verständnis der Funktionsweise der aztekischen Kalender muss man sich drei Zahnräder vorstellen. Die beiden Kleineren bilden den religiösen Kalender. Sie drehen sich gemeinsam und das Datum „Eins-Schlange" (das hier gezeigt ist) kehrt nur alle 260 Tage wieder. Das größte Rad ist der Sonnenkalender mit seinen 18 Monaten zu je 20 Tagen.

Das hier gezeigte Datum ist der zweite Tag des 11. Monats. Die beiden kleinen Räder und das große funktionieren als Ganzes und das Datum „Eins-Schlange-zweiter-Tag-im-Xocotlhuetzi" wiederholt sich erst in 52 Jahren. Das hier gewählte Datum ist tragisch für die Azteken, denn es entspricht dem Tag der Einnahme Tenochtitláns durch die Spanier am 13. August 1521 (einem Dienstag).

1325
Dank der Mühlen sinkt der Herstellungspreis für Papier unter den für Papyrus, der nun nach und nach verdrängt wird.

1325
Blütezeit des westafrikanischen Königreichs Mali. Dieses Land mit seinen zahlreichen Goldminen kontrolliert den Handel mit dem Edelmetall nach Ägypten und den arabischen Ländern. Herrscher Mansa Musa unternimmt seine legendäre Mekkareise.

Die Allmacht der Götter

Aus anderen Kulturen übernimmt die aztekische Religion
eine Vielzahl an Gottheiten! Die Hauptgötter regeln die Zukunft der Welt.
Die übrigen, weitaus zahlreicheren Götter führen im Alltagsleben Regie.

QUETZALCOATL

Er ist „die gefiederte Schlange", der Gott der Künste und Kultur, aber auch Ehecatl, der Gott des Windes, und Tlahuizcalpantecutli, der „Herr der Morgenröte", d.h. der Morgenstern (siehe S. 24). Die wichtigsten Götter können mehrere Erscheinungsformen und Namen haben.

TEZCATLIPOCA

Als der Zaubergott „Rauchender Spiegel" oder auch der Gott des Nordens und der Dunkelheit ist er der Feind Quetzalcoatls. Seine Farbe ist Schwarz. Aber Tezcatlipoca kann auch Quetzalcoatl, Huitzilopochtli und Xipe Totec sein, je nach seiner Farbe und seinem Platz im Kosmos.

TLALOC

Schon lange vor den Azteken wurde er im Hochtal von Mexiko verehrt: „Der, der keimen lässt", der Gott des Regens, aber auch der Unwetter sowie von Blitz und Donner. Trotz seines wohltätigen Wesens fürchten ihn die Bauern wegen der Überschwemmungen, die er hervorruft. Sein Paradies heißt „Tlalocán" und ist ein köstlicher Ort, wo saftige Früchte und duftende Blumen gedeihen. Nur die von Tlaloc Auserwählten haben hier Zutritt: in den Fluten Ertrunkene, Blitzschlagopfer oder jene, die von bestimmten Krankheiten dahingerafft wurden. Sein Heiligtum liegt neben dem Huitzilopochtlis, auf dem Großen Tempel von Tenochtitlán. Ihm opfert man vor allem Kinder.

HUITZILOPOCHTLI

Huitzilopochtli ist der wichtigste Gott der Azteken. Er wurde aus den fernen Ländern im Norden zu ihnen gebracht. Sein Name bedeutet „Kolibri des Südens" (er wird übrigens oft in dieser Gestalt dargestellt), denn er ist der Sonnengott, der um die Mittagszeit erstrahlt. Vor allem ist er jedoch auch der Gott des Krieges und der im Kampf Gefallenen. Oben auf dem Großen Tempel von Tenochtitlán werden ihm zu Ehren unzählige Menschenopferungen durchgeführt. Bei den Opfern handelt es sich um Kriegsgefangene, denen das Herz aus der Brust gerissen wird.

1337
Da er sich als französischer Thronerbe sieht, erklärt Eduard III. von England Frankreich den Krieg. Dies ist der Beginn des Hundertjährigen Krieges. Die Engländer besetzen weite Gebiete Frankreichs.

1345
Die Azteken, die zu Anfang des 14. Jahrhunderts das Hochtal von Mexiko besiedeln, gründen Tenochtitlán, das heutige Mexiko-Stadt, auf den sumpfigen Inseln des Texcosees. Dieses kleine Dorf soll sich zur stolzen Hauptstadt des Aztekenreichs entwickeln.

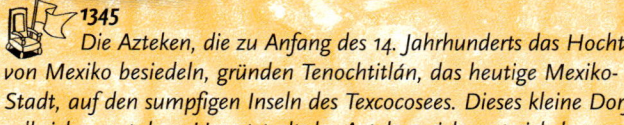

COATLICUE

Als Göttin der Erde ist sie zugleich die Mutter von Huitzilopochtli. Nachdem dieser schon erwachsen und bewaffnet aus ihrem Bauch geschlüpft ist, ermordet er seine zahllosen Brüder (die Sterne) und seine ältere Schwester (die Nacht), die gerade ihre Mutter aus Eifersucht töten wollen. „Die mit dem Schlangenrock" trägt eine Halskette aus abgeschnittenen Händen und Menschenherzen. Ihre Hände und Füße sind mit Klauen bewehrt und ihr Kopf ist der einer Schlange. Ihr Anblick ist so Furcht erregend, dass man die große, 1790 in Mexiko-Stadt gefundene Statue gleich an Ort und Stelle einbuddelte, wo sie noch einmal über drei Jahrzehnte lang verborgen blieb!

MICTLANTECUTLI

„Der Herr über den Ort der Toten" ist der Gott der Unterwelt. Er wird in Gestalt eines Skeletts dargestellt. Seine Kleider sind mit Totenschädeln und überkreuzten Gebeinen verziert und in seiner Nase steckt eine Klinge aus Silex*. In sein Reich Mictlán gelangen nach dem Tod die meisten Menschen, außer den von Tlaloc Erwählten und denen, die von Huitzilopochtli auserwählt werden: die im Kampf gefallenen Krieger, die Geopferten und die im Wochenbett verstorbenen Frauen.

XIPE TOTEC

Einen wichtigen Platz gewähren die Azteken in ihrem religiösen Pantheon „Unserem gehäuteten Herrn", dem Gott der Erneuerung und der Pflanzenwelt. Ihm zu Ehren zieht man einem – bereits toten – Opfer die Haut ab, welche der Hohepriester mehrere Wochen lang anzieht. Diese kultische Handlung verkörpert die Wiedergeburt der mexikanischen Landschaft, wenn sie zu Beginn der Regenzeit neu ergrünt. Xipe Totec ist außerdem der Gott der Goldschmiede.

1347-1351
Über den Hafen von Genua gelangt die verheerende Pest aus Asien nach Europa und hinterlässt eine Spur des Todes: Etwa 25 Millionen Menschen werden durch den „schwarzen Tod" dahingerafft, ein Drittel der Gesamtbevölkerung.

1368
Der buddhistische Mönch Zhu Yuanzhang übernimmt in Peking die Macht und gründet die Ming-Dynastie. China erlebt einen wirtschaftlichen wie kulturellen Aufschwung. Peking wird am Ende des Jahrhunderts die bevölkerungsreichste Stadt der Welt sein.

Eine bedrohte Welt

Die Azteken haben eine andere Auffassung vom Universum, von Gut und Böse als wir. Die Menschen müssen vor allem am guten Lauf der Welt mitwirken, die instabil bleibt und regelmäßig unterzugehen droht ...

Diese große steinerne Stele* von 3,50 m Durchmesser wird oft als „Sonnenscheibe" bezeichnet. In Wirklichkeit ist sie ein Kalender, welcher dem Sonnengott Tonatiuh geweiht ist, den man in der Mitte an seiner heraushängenden Zunge erkennt.

Die Legende von den fünf Sonnen

Für die Azteken gab es vor unserer heutigen noch vier andere Welten, die „Sonnen". Die Allererste mit Namen „Sonne des Tigers" wird von einem riesenhaften Jaguar verschlungen – in Wirklichkeit ist dies jedoch Tezcatlipoca, der Zaubergott des Nordens, der Kälte und der Nacht. Die zweite Welt, die „Sonne der Winde", wird ihrerseits durch gewaltige Unwetter vernichtet, die Ehecatl, der Gott des Windes, entfesselt hat. Die inzwischen auf der Erde erschienenen Menschen flüchten sich daher auf die Bäume und werden in Affen verwandelt. Die dritte Welt, die „Sonne des Regens", versinkt in einem Feuersturm, den Tlaloc, der Gewitter- und Regengott, geschickt hat. Die vierte Welt, die „Sonne des Wassers", erlebt eine verheerende Flutkatastrophe, die von Chalchiuhtlicue, der Göttin der Gewässer, ausgelöst wird. Die fünfte, nämlich unsere jetzige Welt, die „Sonne der Bewegung", wird bei einem gewaltigen Erdbeben verwüstet werden, denn die Vernichtung ist das unausweichliche Schicksal der Menschheit. Dann werden sich die Tzitzimimen, Ungeheuer mit einem Skelettkörper, die seit Urzeiten hinter dem Horizont verborgen lauern, auf die Überlebenden stürzen, um sie zu verschlingen!

Bei seiner rituellen Tötung liegt das Opfer auf dem Stein und der Priester schneidet ihm die Brust auf, um ihm das Herz herauszureißen.

Die Geburt der Sonne

Die Götter erschaffen die Himmel und die Unterwelten, die Erde und alles, was auf ihr lebt – Pflanzen, Tiere und Menschen. Aber Angst und Kälte herrschen in dieser ewigen Nacht, wo es keine Sonne gibt. Deshalb entzünden die Götter an der Spitze einer großen Pyramide einen Scheiterhaufen und versammeln sich darum, um zu planen, wer von ihnen im Feuer sein Leben lassen muss, um sich in eine Sonne zu verwandeln. Ein kleiner kranker Gott, unbekannt, aber mutig, stürzt sich in die Flammen und wird so zur gleißenden Sonne. Doch sie bleibt unbeweglich und droht die gesamte Erde zu versengen. Da begreifen die Götter, dass auch sie sich opfern müssen. Gemeinsam stürzen sie sich alle in die lodernde Glut, damit die Sonne ihren Lauf am Himmel beginnt.

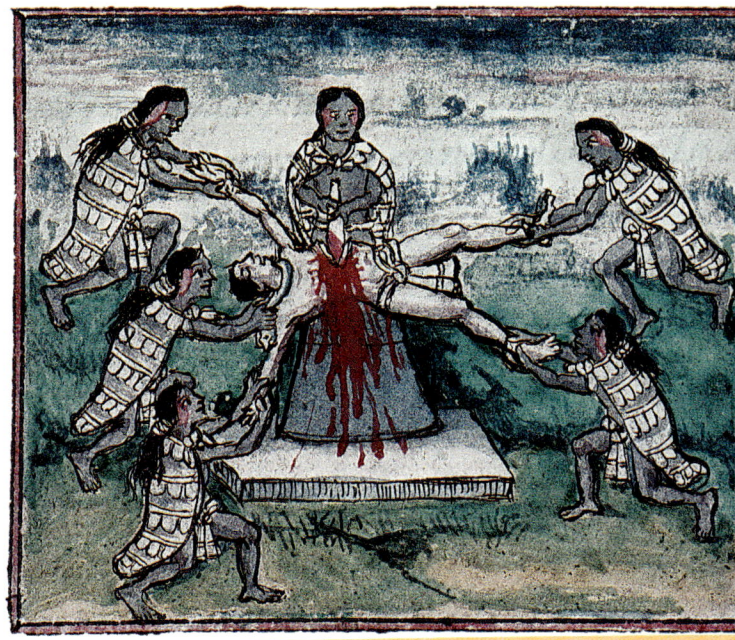

1377
Prinz Acamapichtli gründet die aztekische Dynastie: Dies ist der Beginn der Geschichte dieses Volkes. Zu jener Zeit sind die Azteken noch die Vasallen* der großen Stadt Azcapotzalco.

1378
Beginn des Großen Schismas (Kirchenspaltung) des Abendlands. Nach dem Tode Gregors XI. erschüttert die Wahl von zwei Päpsten (Urban VI. in Rom und Clemens VII. in Avignon) die Kirche und teilt die Christenheit bis 1417.

58

● Die Menschenopfer

Die Götter haben die Menschheit durch ihr selbstloses Opfer gerettet. Aber dies genügt auf Dauer nicht, denn das Universum ist dem Untergang durch die letzte, endgültige Weltenkatastrophe geweiht. Die Menschen müssen daher ihrerseits dem Beispiel der Götter folgen und diese heilige Pflicht erfüllen, um das Ende der Welt hinauszuzögern. So kommt es zu den ersten rituellen Menschenopfern. Und jedes Jahr schenken hunderte von Menschen ihr Leben den aztekischen Göttern. Bei der Weihe des Großen Tempels von Tenochtitlán 1487 dürften so innerhalb weniger Tage etwa 20 000 Menschen geopfert worden sein. Dieser Akt ist weder Folter noch Bestrafung, sondern eine Ehre. Jeder, der auf diese Weise stirbt, ist ein zu den Göttern entsandter Bote.

SCHÖNER STERBEN!

Es gibt mehrere Formen der Opferung. Am häufigsten wird das Opfer auf einem Stein ausgestreckt und ihm dann mit einem Obsidianmesser das Herz herausgeschnitten. Es wird der Gottheit dargebracht, während das Blut, das über die Stufen der Pyramiden fließt, als „kostbares Wasser" den für den Lauf des Kosmos unverzichtbaren Lebensquell darstellt. Die Opfer können auch enthauptet, verbrannt, ertränkt, mit Pfeilen durchbohrt, erwürgt usw. werden.

Nach seiner Tötung wird der Leichnam des Opfers von der Pyramide hinabgeworfen. Bei großen Zeremonien werden so hunderte Menschen einer nach dem anderen geopfert, bis die Tempeltreppen rot von Blut sind.

1380
Der mongolische Anführer Timur, genannt Tamerlan, erobert Zentralasien im Eiltempo: 1396 Einnahme Bagdads (Irak), 1398 Zerstörung Delhis (Indien). Seine Herrschaft ist geprägt von Massakern. Nach seinem Tod 1405 zerfällt sein Reich.

1393
Das Reich der Khmer, die seit fast fünf Jahrhunderten über Südostasien herrschen, kann dem Ansturm der Tai nicht standhalten. Angkor wird geplündert und dann aufgegeben.

Das Universum der Azteken

Für die Azteken ist das Tal von Mexiko der Mittelpunkt
der Welt. Ringsherum breitet sich das Universum aus,
d.h. die Welt der Menschen sowie jene der Toten,
die Welt der Götter und der Kosmos.

WESTEN

Diese den Azteken unbekannte Region ist der
mysteriöse Ort, wo die Sonne untergeht. Hier
hausen Ungeheuer: Hinter dem Horizont, in den
Abendnebeln, erwarten die Tzitzimimen das Ende
der Welt, um die Menschheit zu verschlingen.
Aber der Westen ist zugleich auch das Gebiet
von Quetzalcoatl, dem mildtätigen Gott. Seine
Farbe ist Weiß, die Farbe des Alters.

Der Erdboden ist der Lebensort der Menschen. Von
seiner Mitte, symbolisiert durch den Großen Tempel
von Tenochtitlán, erstrecken sich die vier Richtungen
des Universums. Darüber wölben sich die Himmel und
unter der Erde liegen die Höllen. Jeder Teil des
Kosmos ist von einem bestimmten Gott bewohnt
und durch eine spezielle Farbe gekennzeichnet.

SÜDEN

Dies ist die Richtung der fernen tropischen
Gestade, des Landes, wo der Kakao wächst
und die Vögel mit den bunten Federn leben.
Hier zieht die Sonne jeden Tag vorüber. Dort
lebt Huitzilopochtli, der selbst die Sonne ist und
damit der Hauptgott der Azteken, vor allem der
Gott der Krieger. Seine Farbe ist Blau, Symbol
der Macht und des Heiligen.

DIE UNTERWELT

Die Unterwelt oder Mictlán ist ein kalter,
finsterer und endloser Abgrund, den fast alle
Toten durchqueren müssen. Der Abstieg in sein
Tiefen zwischen Bergen, die gegeneinander
prallen, und durch Windböen aus Obsidianklingen ist lang und gefahrvoll. Am Ende seiner
Reise angekommen, entschwindet der Tote
endgültig im Nichts. Von ihm bleibt nichts zurück

um 1406
Bau der Verbotenen Stadt im Herzen Pekings: Dieses
kulturelle und politische Zentrum beherbergt zugleich die
Privatresidenz der chinesischen Kaiser. Als Schutz dienen
Wassergräben von 52 m Breite und eine 10 m hohe Mauer.

1415
Prinz Heinrich der Seefahrer finanziert die ersten
portugiesischen Expeditionen entlang der Küsten Afrikas. Ab 1430
werden Karavellen (hochseetaugliche Schiffe) gebaut. 1446 erreicht
man den Senegal.

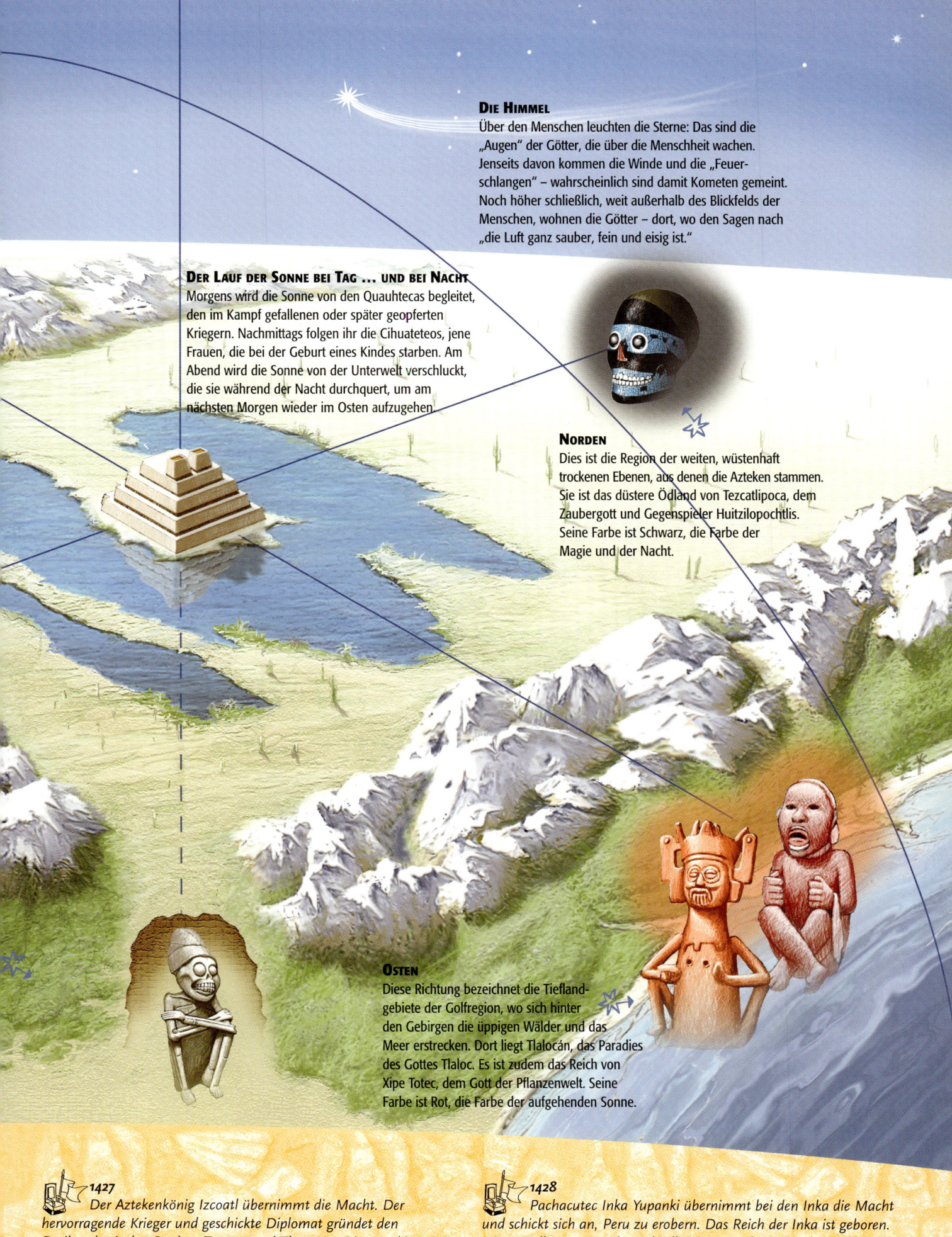

DIE HIMMEL

Über den Menschen leuchten die Sterne: Das sind die „Augen" der Götter, die über die Menschheit wachen. Jenseits davon kommen die Winde und die „Feuerschlangen" – wahrscheinlich sind damit Kometen gemeint. Noch höher schließlich, weit außerhalb des Blickfelds der Menschen, wohnen die Götter – dort, wo den Sagen nach „die Luft ganz sauber, fein und eisig ist."

DER LAUF DER SONNE BEI TAG ... UND BEI NACHT

Morgens wird die Sonne von den Quauhtecas begleitet, den im Kampf gefallenen oder später geopferten Kriegern. Nachmittags folgen ihr die Cihuateteos, jene Frauen, die bei der Geburt eines Kindes starben. Am Abend wird die Sonne von der Unterwelt verschluckt, die sie während der Nacht durchquert, um am nächsten Morgen wieder im Osten aufzugehen.

NORDEN

Dies ist die Region der weiten, wüstenhaft trockenen Ebenen, aus denen die Azteken stammen. Sie ist das düstere Ödland von Tezcatlipoca, dem Zaubergott und Gegenspieler Huitzilopochtlis. Seine Farbe ist Schwarz, die Farbe der Magie und der Nacht.

OSTEN

Diese Richtung bezeichnet die Tieflandgebiete der Golfregion, wo sich hinter den Gebirgen die üppigen Wälder und das Meer erstrecken. Dort liegt Tlalocán, das Paradies des Gottes Tlaloc. Es ist zudem das Reich von Xipe Totec, dem Gott der Pflanzenwelt. Seine Farbe ist Rot, die Farbe der aufgehenden Sonne.

1427
Der Aztekenkönig Izcoatl übernimmt die Macht. Der hervorragende Krieger und geschickte Diplomat gründet den Dreibund mit den Städten Texcoco und Tlacopán. Dies markiert den Beginn der Ausdehnung des aztekischen Reichs.

1428
Pachacutec Inka Yupanki übernimmt bei den Inka die Macht und schickt sich an, Peru zu erobern. Das Reich der Inka ist geboren. Dieses Volk setzt Quechua als alleinige Sprache sowie den Kult des Sonnengottes durch.

Die Kunst

Die Azteken, die vor allem bei der Kriegsführung und im Handel Außergewöhnliches leisten, übernehmen von den unterworfenen Völkern Schrift, Technik und Astronomie. Sie sind zudem großartige Künstler und ihre Werke gehören zu den kostbarsten Schöpfungen der Menschheit.

🫒 Die Federkunst

Wie noch andere Völker auf dem amerikanischen Kontinent fertigen die Azteken aus luftig-leichten Vogelfedern herrlichen, farbenprächtigen Federschmuck an. Die Federn werden von Vögeln gesammelt, welche oft in den fernen Tropenwäldern des Südens leben – Quetzals, Papageien, Kolibris –, und anschließend vorsichtig nach Tenochtitlán gebracht. Die aztekischen Federarbeiter oder Amantecas benutzen zweierlei Techniken: Bei der ersten werden die Federn, sorgfältig nach Farbe und Länge geordnet, auf einem Geflecht aus Weidenruten befestigt. Auf diese Weise entstehen Mäntel, diverse Schmuckteile und vor allem eindrucksvolle Hauben in Helmbuschform, welche bei Zeremonien von den Kriegern und Adligen getragen werden. Nur diesen ist es gestattet, einen solchen Kopfputz offen zur Schau zu stellen. Bei der zweiten Methode schneiden die Amantecas die Federn in ganz kleine Schnipsel und kleben diese, farblich sortiert, auf Holz auf. So schaffen sie wundervolle Mosaike mit geometrischen Figuren, Tieren und Gottheiten *(siehe Schild S. 43)*. Von allen aztekischen Künsten ist es die Federkunst, welche die Spanier bei ihrer Ankunft am meisten beeindruckt hat.

MAISPASTE UND PAPPMASCHEE

Bei ihrer Ankunft in Mexiko entdecken die Spanier Gegenstände, die aus ganz seltsamen Materialien hergestellt sind. Oft sind es Statuen, die denen aus Holz oder Stein ähneln. Aber sie sind innen hohl und bestehen aus einem Stützgeflecht aus Weidenruten, das mit einer Paste aus zerstampften Maisstängeln oder Pappmaschee bestrichen ist. Manche, darunter auch solche von stattlicher Größe, sind so leicht, dass ein Kind sie mühelos anheben kann! Diese Statuen stellen Götter dar: Das ist der Grund, weshalb sie alle von den Konquistadoren* zerstört werden. Trotzdem geht diese Kunst nicht verloren, denn in der Kolonialzeit werden mit der gleichen Technik Christus- und Madonnenstatuen angefertigt.

Dieser großartige Kopfschmuck besteht aus 450 langen Quetzalfedern und Goldscheiben. Man vermutet, dass Cortés diese „Federkrone" vom Herrscher überreicht bekam.

1429
Jeanne d'Arc, die Jungfrau von Orleans, kämpft in Frankreich erfolgreich gegen die Engländer. Zwar wird sie gefangen genommen und 1431 von den Engländern verbrannt, doch diese müssen sich schließlich aus Frankreich zurückziehen.

1440-1468
Moctezuma Ilhuicamina (Moctezuma I.) erweitert die Grenzen des Aztekenreichs beträchtlich. Er erobert Zentralmexiko und stößt bis zur Golfküste vor. Unter seiner Regentschaft wird zu den Feierlichkeiten anlässlich des neuen Feuers der Große Tempel ausgebaut.

Die Goldschmiedekunst

Die Kunst der Metallurgie stammt aus Südamerika und gelangt erst im 10. Jahrhundert nach Mexiko. Die mesoamerikanischen Indianer lernen rasch, bestimmte Metalle zu bearbeiten, und werden hervorragende Goldschmiede. So groß sind der Ruf und die Geschicklichkeit der Mixteken, dass die Azteken sie bitten, nach Tenochtitlán zu kommen und dort zu arbeiten. Sie fertigen Schmuckstücke sowie Zierrat für Kleidungsstücke an und dekorieren Waffen und Schilde. Außerdem stellen sie Werkzeuge für den alltäglichen Gebrauch her: Zangen, Nadeln, Haken usw.

Die mexikanischen Goldschmiede verstehen sich auf die raffiniertesten Bearbeitungsmethoden, welche die Spanier und die europäischen Herrscher in Erstaunen versetzen werden. Sie bearbeiten hauptsächlich Gold – das die Azteken Teocuitlatl („Exkrement der Götter") nennen –, daneben aber auch Silber, Kupfer sowie Bronze, Elektrum (Mischung aus Gold und Silber) und vor allem Tumbaga (Mischung aus Gold und Kupfer).

Ein goldener Nasenschmuck in Schmetterlingsform, gefunden im heiligen Bezirk von Tenochtitlán

Diese Obsidianvase in Affenform ist aus einem einzigen Gesteinsblock gearbeitet.

Der Obsidian

Wie die übrigen vorkolumbianischen Völker Amerikas kennen die Azteken kein Eisen. Sie besitzen daher keine aus diesem Metall hergestellten Werkzeuge und müssen sich für ihre Arbeiten eines Steins bedienen. Der Obsidian, der meistverwendete Stein in Mexiko, ist vulkanischen Ursprungs und wird wie der Silex* behauen. Er ist so hart und scharfkantig, dass er sich ganz vorzüglich für Werkzeug- und Waffenklingen eignet. Der Macahuitl, das gefürchtete Aztekenschwert, ist beidseitig mit dünnen Obsidianklingen bestückt (siehe S. 43).

Zugleich ist der Obsidian aber auch ein sehr aparter Stein mit einer hübschen schwarzen bis dunkelgrünen Färbung. Die aztekischen Kunsthandwerker fertigen aus ihm schöne Gegenstände: Statuen, Vasen, Masken, Zeremoniendolche und Schmuckstücke. Manche sind so fein poliert, dass das Licht durch sie hindurchschimmert, etwa bei Ohr- oder Lippenschmuck. Die Azteken stellen sogar Spiegel aus Obsidian her. Diese dienen allerdings nicht zum Betrachten des eigenen Spiegelbilds, sondern dazu, durch die Schwärze des Steins die Zukunft zu deuten.

1441
Mit der Revolte der Einwohner von Chichén Itzá gegen die Unterdrückung durch Mayapán setzt der Niedergang der Maya der nachklassischen Epoche ein. Beim Eintreffen der Spanier in Yucatán existieren nur noch wenige Städte.

um 1450
Blütezeit des Königreichs Benin (im heutigen Nigeria) unter dem Einfluss der „Kriegerkönige". Benin zählt zu den wichtigsten Königreichen Afrikas. Sein Reichtum gründet sich auf den Handel (vor allem den Sklavenhandel) mit den Arabern und später den Europäern.

Steinbearbeitung und Mosaike

Die aztekischen Kunsthandwerker sind, obwohl sie nur einfache Werkzeuge haben, Meister in der Steinbearbeitung. Sie wissen, wie man den Obsidian und viele andere Materialien behaut, schneidet, poliert oder zu Intarsien verarbeitet. Vulkanische Lava, Quarz, Markasit, Achat, Malachit usw. – die Steine bergen für sie keinerlei Geheimnisse. Manche dieser Steine wie etwa Türkis, Jade, Smaragd und Amethyst sind kostbar und selten und dienen zur Schaffung von Kunstwerken, welche die gesamte Welt heute bewundert: Darstellungen von Gottheiten in Basalt, Statuen und Vasen aus Bergkristall, Schmuckstücke und Zierrat in allen Größen.

Die Azteken beherrschen auch und vor allem die Kunst des Mosaiklegens meisterhaft. Bei dieser Technik werden aus Steinen, Muscheln oder Perlmutt kleine Stückchen geschnitten und, nach Farbton geordnet, auf Holz oder menschliche Schädel geklebt. Auf diese Weise dekorieren die Azteken Masken, Tier- oder Menschenköpfe, aber auch Opfermesser und Prunkwaffen.

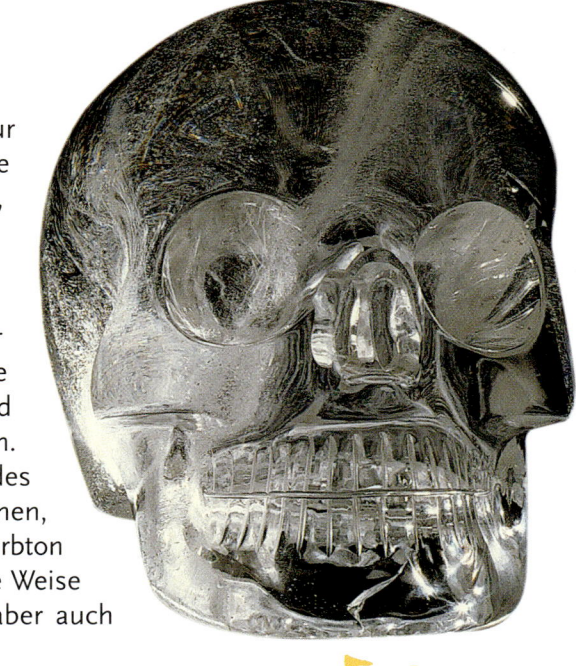

Die aztekischen Schädel aus Bergkristall wie dieser sind sehr berühmt. Es ist jedoch denkbar, dass sie erst später, also während der Kolonialzeit, auf Geheiß der Spanier angefertigt wurden, vielleicht als Kruzifixschmuck.

Diese doppelköpfige Schlange ist wahrscheinlich der Brustschmuck eines Hohepriesters. Sie ist 43 cm lang und besteht aus auf Holz geklebten Türkissplittern, roten Muscheln und Perlmutt.

DIE AZTEKISCHEN KÜNSTE IN EUROPA

Die spanischen Eroberer unter ihrem Anführer Cortés sind beim Einmarsch in Tenochtitlán geblendet von der Pracht der Stadt. Sie bewundern ihre Bauwerke, ihre Märkte und die Ordnung, die hier herrscht. Sie sind auch fasziniert von der Qualität und Vielfalt der aztekischen Künste. Zu hunderten schicken sie Federschmuck, Statuen aus Edelsteinen und goldene Schmuckstücke nach Europa, die die Könige in ihren Wunderkammern ausstellen werden. Leider werden viele dieser Objekte durch den Zahn der Zeit oder Vandalismus zerstört.

Diese hölzerne Maske ist mit einem Mosaik aus Türkis, Jadeit, Koralle und Perlmutt besetzt. Sie stellt ein Gesicht im Maul einer Schlange dar.

1453
Konstantinopel wird von den Türken eingenommen und in Istanbul umbenannt. Die ins italienische Exil geflüchteten griechischen Gelehrten tragen zur Wiederentdeckung der antiken Kultur bei: Dies ist das Ende des Mittelalters und der Beginn der Renaissance.

1455
Der Goldschmied Johannes Gutenberg erfindet den Buchdruck. Bewegliche Lettern aus Metall (und nicht mehr aus Holz) werden mit Tinte eingefärbt und auf Papierblätter gepresst. Die Bücher werden nicht mehr von Hand kopiert. Das erste veröffentlichte Buch ist die Bibel.

DER LACK DER AZTEKEN

Die Azteken verzieren ihre Holzschränkchen, Schalen und sogar die Kalebassen, die ihnen zur Aufbewahrung dienen, mit hübschen, farbenfrohen Mustern. Anschließend bestreichen sie die Oberflächen dieser Gegenstände mit einem Lack, den sie aus bestimmten Insekten und gemahlenen Körnern herstellen. Dieser glänzende und widerstandsfähige Lack schützt die Bemalung. Später lassen ihn die Spanier auf Möbel und Wandschirme auftragen.

● Am Webstuhl

Die Handwerker sind häufig Männer, das Weben ist jedoch Sache der Frauen. Jede Mutter bringt es ihrer Tochter bei, selbst in Adelsfamilien. Die Weberinnen sind sehr geschickt: Aus groben Pflanzenfasern fertigen sie Kleidungsstücke für den Alltag, während aus Baumwolle Kostüme und Umhänge für die Adligen entstehen. Die schönsten dieser Kleider sind wahre Kunstwerke mit leuchtenden Farben, teils noch mit Federn und Hasenfellen verziert. Der Herrscher schenkt sie den Personen, die er belohnen möchte, selbst wenn nur die Adligen und die großen Krieger sie tragen dürfen.

Wie überall im vorkolumbianischen Amerika, so bindet auch die aztekische Weberin das eine Ende ihres Webstuhls an einem Baum fest und setzt sich auf das andere. So wird er gespannt und sie kann arbeiten. In den mexikanischen Dörfern ist diese Technik bis heute gebräuchlich.

● Die Kunsthandwerker

Genau wie zeitgleich in Europa sind auch die aztekischen Handwerker in Zünften* organisiert. Sie haben eigene Regeln, eigene Gesetze und sogar ihre eigenen Götter. So ist Xipe Totec der Gott der Goldschmiede und Xochiquetzal die Göttin der Weberinnen. Der wichtigste Gott der Federarbeiter ist Tepoztecatl. Dieser ist zugleich der Gott der Pulquemacher, jenes vergorenen Agavensafts. Tepoztecatl ist wahrscheinlich eine Erscheinungsform von Quetzalcoatl selbst. Zu Ehren dieser Götter werden Zeremonien veranstaltet und die Handwerker kaufen Sklaven, um sie ihnen zu opfern. Jede Zunft bewohnt ihr eigenes Viertel, das sich rings um ihre Tempel erstreckt. Dort lernen die Söhne von den Vätern ihr Handwerk. So ist in Tenochtitlán Yopico das Viertel der Goldschmiede und Amantlán jenes der Federarbeiter. Die besten Handwerker sind allerdings in einem besonderen Viertel vereint, ganz nahe beim Palast des Herrschers. Sie arbeiten für ihn und für die Götter des Großen Tempels; in ihren Händen entstehen die schönsten Kunstwerke.

Bei den aztekischen Kunsthandwerkern wird das berufliche Wissen vom Vater an den Sohn weitergegeben. Oben lehrt der Steinmetz die Bearbeitung der kostbaren Steine, unten zeigt der Tischler seinem Sohn den Umgang mit Holz.

1461-1483
Regentschaft von Ludwig XI. Durch Eingliederung der Herzogtümer von Burgund und danach von Anjou und der Provence dehnt der geschickte Diplomat die Grenzen des Franzosenreichs aus.

1462-1505
Durch die Heirat Iwans des Großen mit einer byzantinischen Prinzessin wird Moskau zur Erbin von Byzanz und damit zum dritten Rom. 1480 befreit der Zar Russland von der Herrschaft der Goldenen Horde (Nachfahren der Mongolen) und begründet das russische Reich.

65

Die Eroberung Mexikos

Seit einiger Zeit beobachten die aztekischen Priester am Himmel über Tenochtitlán seltsame Erscheinungen: durch Blitze entzündete Tempel, ein großes Himmelsleuchten gen Osten, kämpfende Menschen, ein Vogel, dessen Kopf ein Spiegel ist, in welchem man die Sterne sieht. In ihren Augen sind das sehr schlechte Vorzeichen.

Gesandte Moctezumas begrüßen die Heerführer des spanischen Eroberers Hernán Cortés.

Die Ankunft der Teulen (der Götter)

In seinem Palast in Tenochtitlán erreicht Herrscher Moctezuma die befürchtete Nachricht: An der mexikanischen Küste sind weiße, bärtige Männer gelandet. Sie kamen in großen Booten mit Flügeln (Segeln) und reiten auf geweihlosen Hirschen (Pferden, welche die Azteken noch nie gesehen hatten). Diese Fremden sind Spanier. Es sind nicht sehr viele – ungefähr 500 Mann – und sie besitzen nur einige Reittiere und Kanonen. Aber sie sind mutig und streben vor allem nach Ruhm und Reichtum. Bei ihrer Ankunft am 21. April 1519 beschließen sie, gleich an Ort und Stelle eine Stadt zu gründen: Veracruz, die erste Kolonialstadt auf mexikanischem Boden. Ihr Anführer, Hernán Cortés, der schon von Tenochtitlán und seinen Schätzen gehört hat, fasst den Entschluss, ins Landesinnere vorzudringen, um diese unbekannte Welt zu erobern.

Die Eroberung Tenochtitláns durch Hernán Cortés

Erhabenes Tenochtitlán

Mehrere Monate lang durchqueren die Eroberer Mexiko in Richtung der sagenhaften Stadt. Durch die tropischen Urwälder und die gebirgige Landschaft geht es nur langsam voran. Sie liefern sich vereinzelte Gefechte mit feindseligen Stämmen. Aber Cortés, der schlaue Diplomat, schmiedet Bündnisse mit den Völkern, denen er begegnet, denn nicht wenige verabscheuen die Azteken. Und so werden die Konquistadoren* von tausenden indianischen Verbündeten begleitet, als sie Anfang November 1519 in das Hochtal von Mexiko einrücken. Es ist ein grandioser Anblick: Das erhabene Tenochtitlán spiegelt sich in den Wassern der Lagune*. Am Eingang der Stadt steht Moctezuma – um Cortés und seine Armee zu empfangen *(siehe S. 46-47)*.

Die Spanier nehmen Quartier in einem Palast, den der Kaiser ihnen zur Verfügung gestellt hat, und erkunden die Hauptstadt der Azteken. Um Druck auf die Bevölkerung auszuüben und Aufstände zu vermeiden, lässt Cortés Moctezuma in Gewahrsam nehmen. Es ist ihm gelungen, ein ganzes Reich fast kampflos zu erobern ... Doch das schlimme Ende kommt noch.

DIE GRÜNDE FÜR DIE NIEDERLAGE

Die militärische Überlegenheit der Spanier ist nicht die eigentliche Ursache für die Niederlage der Azteken, denn das Reich war bereits instabil, in zu viele Teile zergliedert und bei zu vielen unterworfenen Völkern verhasst. Mehr als die Waffen sind es Krankheiten wie die unabsichtlich von den Spaniern eingeschleppten Pocken, welche die mexikanische Bevölkerung dezimieren.

1469-1492
Lorenzo de' Medici, genannt der Prächtige, herrscht über Florenz und die Toskana. Wie andere Mitglieder seiner Familie betätigt er sich als Mäzen und Geldgeber für Künstler wie Michelangelo. Die Stadt ist das Zentrum der Renaissance.

1471
Topa Inka Yupanki wird Nachfolger von Pachacutec. Durch die Eroberung eines Teils von Bolivien, Chile und Argentinien dehnt er die Grenzen des Inkareichs weit nach Süden aus.

🫒 Die *Noche triste* („traurige Nacht")

Im Mai 1520, als Hernán Cortés sich gerade nicht in Tenochtitlán aufhält, befiehlt einer seiner Offiziere ein grauenhaftes Massaker: Er lässt während einer religiösen Zeremonie zahlreiche aztekische Adlige ermorden. Cortés kommt zu spät. Die aufgebrachten Azteken rebellieren und greifen den Palast der Spanier an. Einige Tage nach den anschließenden Kämpfen stirbt auch Herrscher Moctezuma. Sein Bruder Cuitlahuac tritt die Nachfolge an und organisiert den Widerstand gegen die spanischen Eroberer. Er wird jedoch bereits wenige Monate später an den Pocken sterben.

Nach mehrwöchiger Belagerung und zahllosen Angriffen beschließen die Spanier, die Stadt aufzugeben. In der Nacht auf den 30. Juni 1520 versuchen sie zu fliehen. Doch die Azteken greifen sie an. Im Regen werden die Hälfte der Spanier und fast alle ihre indianischen Verbündeten ertränkt oder abgeschlachtet. Das ist die *Noche triste*, eine Schreckensnacht für die Konquistadoren*.

🫘 Das Ende des aztekischen Reichs

Die überlebenden Spanier flüchten sich zu ihren indianischen Verbündeten nach Tlaxcala. Während sie auf Verstärkung warten, plant Hernán Cortés seine Rache. Ab Jahresbeginn 1521 nimmt er alle Städte rings um die Lagune ein und lässt Boote bauen für den Angriff auf Tenochtitlán. Die Belagerung der Stadt beginnt: Sie ist furchtbar, weil die Azteken unter ihrem letzten Herrscher, Cuauhtemoc, eine Kapitulation ablehnen. Zu tausenden verhungern sie oder sterben an Krankheiten. Nach drei Monaten erbitterter Kämpfe wird Tenochtitlán am 13. August 1521 von den Spaniern und deren Verbündeten eingenommen, doch da liegt die Stadt schon in Schutt und Asche. Wie es heißt, soll Cortés beim Anblick der Ruinen geweint haben.

DER WIEDERAUFBAU EINER NEUEN HAUPTSTADT

Die Kämpfe haben Tenochtitlán vollständig zerstört. In den folgenden Monaten schleifen die Spanier die Ruinen, füllen die Kanäle auf und bauen eine neue Hauptstadt: Mexiko-Stadt. Die Lagune, die einst die Stadt umgab, wird Stück für Stück trockengelegt. Sie ist heute fast ganz verschwunden.

1486-1502
Während seiner Herrschaft erweitert Ahuízotl die Grenzen des aztekischen Reichs bis zur Pazifikküste und dringt bis nach Guatemala und Nicaragua vor. Für die Einweihung des Großen Tempels in Tenochtitlán werden innerhalb von vier Tagen 20 000 Menschen geopfert.

1492
Granada, die letzte moslemische Stadt in Spanien, fällt in die Hände der christlichen Herrscher. Dieser Sieg markiert das Ende eines 700-jährigen, von Konflikten geprägten Nebeneinanders der beiden Kulturen.

Die Helden der Eroberung

Diese Personen haben alle eine herausragende Rolle in der Geschichte der Eroberung Mexikos gespielt. Wer sind sie wirklich? Ist Cortés ein Barbar oder ein schlauer, von Ehrgeiz getriebener Mann? Ist die berühmte Marina eine Verräterin, wie es viele Mexikaner heute glauben? Ist Moctezuma ein Opfer der Ereignisse und Cuauhtemoc ein mexikanischer Nationalheld?

Bei seiner Ankunft in Tenochtitlán am 8. November 1519 wird Cortés vom Herrscher Moctezuma persönlich mit großen Ehren empfangen.

SPUREN DER GESCHICHTE

Hernán Cortés, der Eroberer

Der 1485 in Südspanien geborene Hernán Cortés stammt aus einer verarmten Adelsfamilie. 1504 gelangt er nach Amerika und beteiligt sich an der Eroberung der Insel Kuba. Er wird ein bedeutender Mann und heiratet die Nichte des Gouverneurs Diego Velázquez. Dieser beauftragt ihn 1519 mit einer Expedition nach den Ländern im Westen – Mexiko –, die Seefahrer einige Monate zuvor entdeckt haben. Hernán Cortés beschließt also, das Land zu erobern, und binnen zwei Jahren ist er, gerade 36 Jahre alt, der Herrscher über das mächtige Aztekenreich ...

Die zweite Hälfte seines Lebens ist weniger ruhmreich. Da er weiter nach Mittelamerika vordringen will, gibt er Neuspanien – wie die Spanier Mexiko inzwischen genannt haben – der Anarchie preis. 1529 muss er sogar nach Spanien zurückkehren, um sich vor Kaiser Karl V. zu verteidigen, denn seine Gegner bezichtigen ihn der Hochstapelei. Einige Jahre später ist er zwar von jedem Verdacht reingewaschen, aber seiner Ämter enthoben. Erneut unternimmt er erfolglose Expeditionen nach Kalifornien. 1539 bricht er nach Spanien auf und kehrt nie mehr zurück. Ende 1547 stirbt er 62-jährig bei Sevilla.

Marina, die Indianerin

Die um 1500 geborene Marina – ihr richtiger Name lautet Malinalli – ist die Tochter eines Adligen aus der Gegend von Coatzalcoalcos, einer Stadt an der Ostküste. Noch im Kindesalter wird sie von ihrer Mutter als Sklavin an die Indianer von Tabasco in das Gebiet der Maya verkauft. Bei der Ankunft der Spanier im April 1519 wird sie zusammen mit 20 weiteren Mädchen den spanischen Anführern geschenkt. Malinalli wird daraufhin Marina getauft, was auf Indianisch Malintzin oder Malinche heißt. Das Mädchen spricht Aztekisch, seine Muttersprache, und hat zudem die Sprache der Maya gelernt. Die hübsche und kluge junge Frau wird die persönliche Dolmetscherin von Cortés und bald darauf seine Gefährtin. Nach der Eroberung heiratet sie allerdings einen anderen Konquistador*, Juan de Xaramillo. Sie stirbt um 1530, wahrscheinlich an den Pocken.

In Mexiko ist Marina noch berühmter als Hernán Cortés, denn ihre Rolle bei der Eroberung bleibt wichtig. Sie versteht es, sich als Cortés' ständige Ratgeberin unverzichtbar zu machen, und kann ihn so von manchen Fehlern abhalten.

1492
Christoph Kolumbus, ein italienischer Seefahrer, erreicht unbekannte Inseln (die Antillen) und glaubt, er sei in Asien angekommen. Sehr bald unternimmt er weitere Seereisen zu den eben erst betretenen Ländern. Er hat die Neue Welt* entdeckt, ohne dies je zu erfahren.

1493-1525
Unter der Herrschaft von Huayna Cápac, dem Eroberer von Ecuador, erlebt das Inkareich seine Blütezeit. Es erstreckt sich nun über mehr als 4000 km Länge von der Region um Quito (Ecuador) im Norden bis nach Valparaiso (Chile) im Süden des Kontinents.

Moctezuma, Herrscher mit tragischem Schicksal

Als die Spanier an der mexikanischen Küste an Land gehen, ist Moctezuma II. oder Motecuhzoma Xocoyotzín, „Der sehr stark zürnt" Herrscher von Anáhuac. Als neunter Tlatoani von Tenochtitlán ist er 1502 im Alter von 40 Jahren seinem Onkel Ahuízotl auf den Thron gefolgt. Als bedeutender Eroberer hat Moctezuma die Grenzen des Reichs beträchtlich erweitert. Aber er ist ein sehr gläubiger und zudem abergläubischer Mann; deshalb misst er den Omen und den Weissagungen der Priester große Bedeutung bei. Er hält die Spanier für Teulen, Götter. Und er erinnert sich an die Prophezeihung Quetzalcoatls, dessen Wiederkehr in einem Jahr „Eins-Schilfrohr" stattfinden soll. Nun, 1519, befinden sich die Azteken gerade im Jahr „Eins-Schilfrohr"... Dieser Glaube wird dramatische Folgen für das aztekische Reich haben: Unfähig eine Entscheidung zu treffen, lässt Moctezuma die Spanier in die Stadt herein und wird ihre Geisel. Als im Juni 1520 die Rebellion der Azteken gegen die Konquistadoren* losbricht, versucht er ein Ende der Kampfhandlungen zu erreichen, wird jedoch von seinem Volk, das kein Vertrauen mehr zu ihm hat, mit Steinen beworfen. Er stirbt wenige Tage danach vor Gram. Da er auch während der letzten Monate seiner Regentschaft stets die Würde bewahrt hat, wurde er von den Spaniern geachtet und wurde ein Freund von Cortés.

Herrscher Moctezuma ist besorgt, denn am Himmel hat man seltsame Erscheinungen gesehen wie diesen Kometen, Vorboten von großem Unglück ...

Cuauhtemoc, der letzte Tlatoani

Der Neffe Moctezumas, Cuauhtemoc, ist der letzte aztekische Herrscher. Sein Name bedeutet „Adler, der geboren wird". Er wird der Nachfolger seines Vaters Cuitlahuac, der nur 80 Tage regiert hat, ehe er von den Pocken dahingerafft wurde. Als er im Januar 1521 zum Tlatoani ernannt wird, ist Cuauhtemoc ein junger Mann von 23 Jahren. Er wünscht sich Frieden mit den Spaniern, denn er weiß um ihre Macht, doch die Priester und die aztekischen Krieger wollen den Krieg. Daraufhin organisiert er die Verteidigung Tenochtitláns. Mit ungeheurer Energie kämpft er drei Monate lang unermüdlich an der Spitze seines Heers bis zur unausweichlichen Niederlage. Am 13. August 1521 wird er gefangen genommen und einige Jahre später von Cortés hingerichtet – angeblich, weil er eine Verschwörung gegen die Spanier angezettelt hat.

Der Mut und die Entschlossenheit Cuauhtemocs haben ihm die Bewunderung aller eingetragen. Er ist heute der Volksheld der Mexikaner, insbesondere wegen seines tragischen Endes.

1497
Der portugiesische Seefahrer Vasco da Gama erreicht Indien, indem er das Kap der Guten Hoffnung (die Südspitze Afrikas) umsegelt. Zu Beginn des 16. Jahrhunderts gründen die Portugiesen die ersten europäischen Handelskontore in Asien.

1501
Amerigo Vespucci erkundet die Küsten Brasiliens. Seine Reiseberichte haben in Europa großen Erfolg. Er kommt als Erster auf die Idee, dass die im Lauf der letzten Jahre entdeckten Länder zu einem eigenen Kontinent gehören. Nach ihm wird Amerika benannt.

Auf der Suche nach Mexikos Vergangenheit

Nach den Unabhängigkeitskriegen verliert Spanien 1821 fast alle seine Kolonien in Amerika. Mexiko ist seitdem frei und die Europäer beginnen, es zu erforschen. Abenteurer, Soldaten, Händler und Künstler suchen nach den Ruinen und ihren Schätzen, die nun Stück für Stück ans Tageslicht gebracht werden.

Die ersten Forscher

Zu jener Zeit ist diese Gegend gefährlich: Es gibt zahlreiche Aufstände, Banditen überfallen die Reisenden und nicht wenige kommen durch die Gefahren der Straßen und in den tiefen Urwäldern ums Leben. Wer es bis zurück schafft, kann Außergewöhnliches berichten von Räubern, Kriegen, aztekischen Prinzessinnen und verborgenen Schätzen. Andere rühmen die Schönheit des Landes. Einige dieser Forscher betätigen sich auch künstlerisch. Sie malen schöne Bilder (wie etwa das unten gezeigte von dem deutschen Maler Karl Nebel), welche sie in Europa ausstellen. Die Öffentlichkeit ist hingerissen; sie entdeckt eine neue Welt mit üppigen Wäldern, hohen Gebirgen und Vulkanen, die von bunt gekleideten Menschen bewohnt ist ...

AUSGRABUNGSSTÄTTEN

Die Archäologie will anhand der hinterlassenen Zeugnisse verstehen, wie die Menschen in ihren Siedlungen lebten. In ihrer Anfangszeit ist diese Wissenschaft leider zu oft gleichbedeutend mit Plünderungen: die Gier nach Gold, Neugierde und künstlerisches Interesse treiben die Entdecker, die kreuz und quer durch Amerika ziehen, Werke untergegangener Kulturen zu rauben. Inzwischen gibt es Verordnungen, dank derer die entdeckten Schätze im Land bleiben.

1502
Beginn der Regentschaft des neunten Aztekenkönigs, Moctezuma Xocoyotzín (genannt Moctezuma II.). Im südlichen Mexiko finden weitere Eroberungen statt und das aztekische Reich erhält eine straffe Verwaltung.

1503-1506
Leonardo da Vinci malt die Mona Lisa, ein Porträt, das vermutlich die Gattin eines Bankiers darstellt, Mona Lisa del Giocondo (daher wird das Bild auch La Gioconda genannt). Seinen Lebensabend verbringt er auf Einladung von Franz I. in Frankreich.

🔵 Die Archäologie in Mexiko

Im Unterschied zur Ägyptologie oder zur Orientalistik ist die Archäologie in Mexiko eine noch junge Wissenschaft. Echte Forschungen beginnen erst gegen Ende des 19. Jahrhunderts unter der Diktatur von General Porfirio Díaz, nachdem das Land lange Jahre der Anarchie erlebt hat. Riesige Ausgrabungsstätten entstehen nun im Gebiet der Maya und in Monte Albán, vor allem aber in Teotihuacán, wo man die Sonnenpyramide erforscht. Erst nach 1930 beginnt man durch all diese Arbeiten die Vergangenheit Mesoamerikas besser zu verstehen.

Ausgrabungsstätte in Monte Albán

🟠 Das Wunder der Fotografie

Nach 1850 bedienen sich die Forscher einer ganz neuen Technik: der Fotografie. Sie erlaubt es, Ansichten von Landschaften, Menschen und Ruinen präzise festzuhalten. Zu jener Zeit ist es allerdings ziemlich beschwerlich, die Natur zu fotografieren. Zunächst hat man eine lange Anreise bis zu den einsamen Ruinen, wobei Dschungel durchquert oder Gebirge überwunden werden müssen; vor allem aber gilt es, Banditen und feindliche Armeen zu meiden. Am Ziel angekommen, lässt man die Bauwerke von ihrem dichten Pflanzenbewuchs befreien. Sodann muss der Forscher seine Ausrüstung vorbereiten, denn die Fotoapparate sind in der Handhabung noch sehr kompliziert. Die Belichtungszeiten sind lang und manchmal muss man auch mehrmals von vorn beginnen. Die Rückkehr in die zivilisierten Regionen ist noch schwieriger, denn nun reitet man auf Maultieren und muss Acht geben, die gläsernen Fotoplatten nicht zu zerbrechen (Filme gab es damals noch nicht).

Diese Radierung zeigt Désiré Charnay auf einer seiner Mexikoreisen.

BILDERJÄGER

Im Anschluss an eine zweijährige Forschungsreise stellt der junge französische Hobbyarchäologe und Abenteurer Désiré Charnay 1861 in Paris die ersten Bilder von den mexikanischen Fundstätten aus. Er wird einer der wichtigsten Fotografen der Ruinen und Bewohner dieses Landes. Seine Reisetagebücher sind ein kostbares zeitgenössisches Dokument über Mexiko.

Auf diesem 1860 von Désiré Charnay aufgenommenen Foto erkennt man die Fassade des Nonnentempels in Chichén Itzá.

🏛 **1506**
Baubeginn am Petersdom in Rom, der größten Kirche der Christenheit. Erst 1624 wird er fertig sein. Die angesehensten Künstler der Renaissance und des Barock (Bramante, Raffael, Michelangelo, Bernini) wirken an ihm mit.

✍ **1508-1514**
Im Vatikan malt Raffael die Wohngemächer von Papst Julius II. aus (die so genannten Stanzen). 1512 beendet Michelangelo das Deckengewölbe der Sixtinischen Kapelle in Rom. Diese Fresken gelten heute als Meisterwerke der Renaissance.

Im Bauch der Schiffe

Ihre Schiffe reich mit Schätzen beladen, kehren die Europäer in die Heimat zurück. Mit an Bord sind nicht nur Gold, Stoffe oder Edelsteine, sondern auch Pflanzen und Tiere, welche die Könige in Erstaunen setzen. Es dauert lange, bis sich diese Flora und Fauna an unsere Klimata und unsere Gärten angepasst haben. Heute vergisst man mitunter ihre Herkunft.

DER MAIS

Der lange Zeit als „indischer Weizen" bezeichnete Mais spielt in Amerika die gleiche Rolle wie der Weizen in Europa. Dieses Getreide hat die Entwicklung des Ackerbaus in der Neuen Welt* und die Entstehung der großen vorkolumbianischen Kulturen überhaupt erst möglich gemacht. Tortillas oder Maisfladen sind noch heute das Grundnahrungsmittel in Mesoamerika, doch in den Spezialitätenrestaurants in Europa werden sie zu einem exotischen Gericht!

DER KAKAO

Der Kakaobaum gedeiht in den feucht-warmen tropischen Breiten Amerikas. Bei den Maya wird er intensiv kultiviert. Bekannt ist er auch den Azteken, die seine Bohnen als Geld benutzen und zu Pulver zermahlen, um daraus ein dem Adel vorbehaltenes Getränk zu machen, den Cacaoatl. Der Kakao wird 1544 dem Kaiser als Geschenk mitgebracht. Zunächst hält man ihn für ein Medikament. Im 17. Jahrhundert feiert er am französischen Hof einen großen Erfolg.

DIE KARTOFFEL

Schon seit Jahrtausenden bauen die Indios im Andenhochland die „Patata" an. Um die im 16. Jahrhundert nach Europa eingeführte Knolle rankt sich zunächst so mancher Aberglaube. Manche glauben etwa, dass der Verzehr dieses Gemüses die Haut rau und faltig mache ... Während des Dreißigjährigen Krieges wird die Kartoffel gelegentlich angebaut. Seit Anfang des 19. Jahrhunderts ist sie eines der Hauptnahrungsmittel in Europa.

DIE ANANAS

Die von den Antillen stammende Ananas ist vielleicht die berühmteste Frucht, die uns Amerika beschert hat. Zur Zeit der Entdeckung des Kontinents benötigt man für eine Atlantiküberfahrt rund zwei Monate. Die Früchte treffen fast immer verfault ein und verströmen einen sehr starken, süßlichen Geruch.

1516
Karl I. wird König von Spanien und 1519 als Karl V. Kaiser des Heiligen Römischen Reichs (das damals die deutschsprachigen Gebiete, Italien, die Niederlande und Burgund umfasst). Dank der neuen Besitztümer in Amerika ist er der mächtigste Herrscher Europas.

1519
Hernán Cortés und seine Konquistadoren* landen im April an der mexikanischen Küste. Im August dringen sie ins Landesinnere vor und erreichen im November Tenochtitlán, wo sie von Herrscher Moctezuma II. mit großen Ehren empfangen werden.

DER TABAK

Die Indianer Nordamerikas rauchen die großen Blätter dieser Pflanze bei religiösen Zeremonien oder zur Genesung bei Krankheit. Auch die Azteken verwenden sie: Herrscher Moctezuma genoss nach den Mahlzeiten ein bisschen „Tabaco" vor dem Einschlafen. Der Leibarzt von König Philipp II. brachte diese Pflanze im 16. Jahrhundert mit und ließ so Europa ihre gefährlichen Freuden entdecken.

DIE ERDNUSS

Diese Frucht stammt ursprünglich aus Amerika. Sie war bei den Azteken unter dem Namen Tlacacahuatl bekannt. Nach ihrer Entdeckung durch die Spanier und Portugiesen hat die Erdnuss den Atlantik überquert und wurde eine wichtige Kulturpflanze in Afrika.

DER FEIGENKAKTUS

Der in weiten Teilen Mexikos sehr verbreitete Nopal ist berühmt für seine Blätter, deren Form an einen Tennisschläger erinnert. Dies ist der Kaktus, auf dem sich nach der Sage von der Gründung Tenochtitláns der Adler niederlässt, um die Schlange zu fressen *(siehe S. 26)*. Heutzutage ist er überall im Mittelmeerraum anzutreffen.

DER TRUTHAHN

Der amerikanische Kontinent ist die Heimat vieler Tiere, die in den Zoos von Europa gezeigt werden, darunter Puma, Jaguar und Ozelot, Gürteltier, Stachelschwein, Ameisenbär, Lama und Meerschweinchen. Der berühmteste Vertreter ist der Truthahn. Als die ersten Exemplare dieser Spezies in Europa eintreffen, nennt man sie „indische Hühner", denn so heißt der neue Kontinent damals. Ihr Fleisch wurde, wie auch das des Hundes, in Mexiko sehr geschätzt.

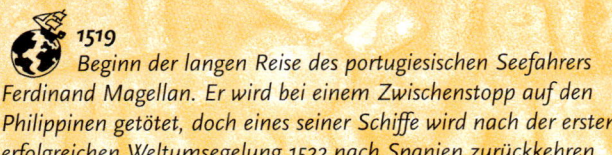

1519
Beginn der langen Reise des portugiesischen Seefahrers Ferdinand Magellan. Er wird bei einem Zwischenstopp auf den Philippinen getötet, doch eines seiner Schiffe wird nach der ersten erfolgreichen Weltumsegelung 1522 nach Spanien zurückkehren.

1521
Nach einer furchtbaren Belagerung fällt Tenochtitlán in die Hände der Spanier und ihrer indianischen Verbündeten. Cuauhtemoc, der Neffe Moctezumas II. und letzter Herrscher, wird gefangen genommen.

Auf dem Platz der drei Kulturen in Mexiko-Stadt findet man die drei Epochen der mexikanischen Geschichte vereint: Hochhäuser aus den 1960er-Jahren umrahmen ein Franziskanerkloster (1609), das wiederum auf den Ruinen des Großen Tempels von Tlatelolco erbaut wurde.

Das Land der drei Kulturen

Mexikos heutige Gesellschaft ist eine Mischung aus vorkolumbianischen, kolonialen und modernen Einflüssen, ein Schmelztiegel altüberlieferter indianischer Bräuche und europäischer Traditionen. Diese Abstammungslinien sind so eng miteinander verwoben, dass ihre Unterscheidung mitunter schwer fällt.

Die drei Epochen Mexikos

In der mexikanischen Geschichte gibt es drei große Abschnitte. Die erste, die so genannte vorkolumbianische Phase endet mit der Eroberung durch die Spanier. Es folgt die Kolonialzeit, welche drei Jahrhunderte dauert. Mexiko, auch „Neuspanien" genannt, ist nun – vor allem dank der Silberminen – die reichste der spanischen Kolonien. Überall im Land entstehen nun Kirchen und Klöster. Neuspanien ist wesentlich größer als das heutige Mexiko, denn es umfasst im Norden riesige Gebiete, die mittlerweile zu den USA gehören (wie etwa New Mexico). Die dritte Epoche beginnt 1821 nach den Unabhängigkeitskriegen. Mexiko ist frei, aber von Revolutionen zerrüttet oder von Diktatoren beherrscht. Der Berühmteste von ihnen, General Porfirio Díaz, wird 30 Jahre lang regieren. Unter seiner Herrschaft wird Mexiko zu einem modernen Staat, doch die indianische Bevölkerung verarmt zunehmend. Bei der Revolution von 1910, deren Anführer die berühmten Emiliano Zapata und Pancho Villa sind, wird Díaz vertrieben.

Die Reichtümer der Kultur

Trotz der Zerstörung der Tempel und der Dezimierung der Bevölkerung durch die nach der Eroberung eingeschleppten Seuchen kann die Kolonialzeit das indianische Brauchtum nicht vollständig auslöschen. Heutzutage halten viele Mexikaner die Traditionen ihrer Vorfahren lebendig, und zwar sowohl in ihren religiösen Bräuchen wie auch im Alltag (Wohnen, Handwerk usw.). Dennoch haben die Kolonisten ihre Spuren hinterlassen und manche Zeremonien sind der Beweis für eine kulturelle Vermischung.

Auf diesem Foto aus dem Jahr 1915 sehen wir Pancho Villa (links) und Emiliano Zapata (rechts) im Kreis ihrer Revolutionsgefährten.

1521
Der deutsche Theologe Martin Luther wird exkommuniziert, d.h. aus der katholischen Kirche ausgeschlossen. Dies ist der Beginn der protestantischen Reformation in Europa. Ihr schließen sich die Länder des Nordens an.

1529
Wien wird von den Türken belagert. Süleiman II., genannt der Prächtige, leitet die Kämpfe persönlich. Das Osmanische Reich ist auf seinem Höhepunkt. Der gesamte Balkan ist in seiner Hand.

Zum Fest der Toten schmückt eine Mexikanerin ein Grab mit Blumen. ↪

DIE FREUDE AM FEIERN

Schon zu den kleinsten Anlässen schmücken die Mexikaner ihre Patios (Innenhöfe) mit Blumensträußen und halten so die Sitte der adligen Azteken lebendig, die oft mit Blumen in der Hand spazieren gingen ... Neben den mit dem katholischen Glauben verbundenen Festen lieben sie Spektakel europäischer Prägung wie den Stierkampf (span. „Corrida") und die Charreada. Diese Art des Rodeos ist den Mitgliedern der feinen Gesellschaft vorbehalten. Die Reiter oder „Charros" in ihren mit Gold und Silber verzierten Kostümen defilieren auf prächtigen Pferden vorbei. Die Mariachi – bei Hochzeits- oder Geburtstagsfeiern aufspielende Musiker – tragen ganz ähnliche Kostüme.

Die heutigen Indianer

Obwohl die mexikanische Verfassung keinen Unterschied zwischen den Bürgern ihres Landes macht, sind die Einwohner indianischer Abstammung immer noch die Ärmsten. Für sie hat die Revolution leider keine großen Veränderungen gebracht. Seit einigen Jahren finden Protestbewegungen statt, wie die der Nationalen Zapatistischen Befreiungsarmee unter Comandante Marcos. Den Beinamen „zapatistisch" hat sich diese Bewegung zum Gedenken an den Revolutionär Emiliano Zapata gegeben.

Folklore und religiöse Feste

Einmal im Jahr treffen sich Anfang November die Dorfbewohner auf den Friedhöfen, um gemeinsam einen Tag bei ihren Verstorbenen zu verbringen. Aus Anlass dieses katholischen „Totensonntags" versammeln sich die Familien um die Gräber, veranstalten fröhliche Mahlzeiten und bereiten süße Schleckereien (Totenköpfe aus Zucker) für die Kinder zu. Die Künstler stellen außerdem mithilfe von Skeletten, so genannten „Calaveras", den Tod dar. Die Calaveras sind mit Alltagskleidern dekoriert und wirken bei überaus kurzweiligen Aufführungen mit. Diese unterschiedlichen Traditionen zeigen, dass der Tod bei den Mexikanern nicht als eine nur traurige Sache erlebt wird. Zum katholischen Osterfest fertigen die Mexikaner große Judasstauen an, die immer wieder andere Personen – historische Figuren, Politiker oder auch Kinostars – darstellen sollen. Diese Statuen werden nach einer uralten vorkolumbianischen Methode aus Pappmaschee hergestellt.

Comandante Marcos tritt stets nur maskiert auf. Man kennt weder sein Gesicht noch seine Identität. ↪

1532
Der Eroberer Francisco Pizarro stößt nach Peru vor. Innerhalb weniger Monate und mit nur wenigen hundert Mann vernichtet er das größte Reich auf amerikanischem Boden.

1542/43
Portugiesen landen in Japan. Sie sind die ersten Europäer, die das Land betreten. In Europa ist es seit Marco Polos Reiseberichten unter dem Namen „Xipangu" bekannt.

Worterklärungen

Alte Welt
Im Unterschied zu Amerika, der so genannten „Neuen Welt", umfasst sie alle zur Zeit ihrer Entdeckung bereits bekannten Länder (Europa, Afrika und Asien).

Aquädukt
Mit diesem brückenförmigen Bauwerk kann man Wasser über weite Strecken in Kanälen transportieren.

Brackig
Brackwasser ist stark salzhaltig. Man kann es daher weder trinken noch zum Gießen verwenden. Aus diesem Grund wurde östlich von Tenochtitlán ein Damm gebaut, um zu verhindern, dass sich das Brackwasser aus dem Texcocosee mit dem Süßwasser vermischte, das aus dem südlich gelegenen Chalcosee stammte.

Konquistadoren
So nennt man die Spanier und Portugiesen, die im 16. Jahrhundert Mittel- und Südamerika eroberten (nach spanisch „Conquista" für „Eroberung").

Egalitär
Egalitär bedeutet „auf Gleichheit ausgerichtet"; eine egalitäre Gesellschaft ist eine, in der alle Bürger die gleichen Rechte haben.

Eiszeit
Während dieser von extremer Kälte geprägten Periode bedecken mächtige Gletscher weite Gebiete der Erdkugel. Unser Zeitalter, das Quartär, hat vier solcher Eiszeiten erlebt; die letzte endete um 8000 v. Chr. gegen Ende der Altsteinzeit.

Isthmus
Als Isthmus bezeichnet man eine Landenge, die zwei Meere trennt.

Der berühmteste Isthmus Amerikas ist jener von Panama, der das Karibische Meer vom Pazifischen Ozean trennt. Dank des zu Beginn des 20. Jahrhunderts erbauten Panamakanals besteht nun eine schiffbare Direktverbindung. In Mexiko erreicht der Isthmus von Tehuantepec eine Breite von mehr als 200 km.

Kopal
Der oft mit Bernstein verwechselte Kopal ist eine Art Harz, dessen Name „Weihrauch" bedeutet. Beim Abbrennen raucht er stark und verströmt einen intensiv-betörenden Duft. Bis heute verwenden ihn die mexikanischen Indianer für ihre religiösen Zeremonien.

Lagune
Lagunen sind Meerwasserseen, die entlang der Küsten vorkommen. Der Name bezeichnet aber auch brackige oder seichte Gewässer im Landesinneren wie etwa die Lagune von Texcoco.

Levante
Bezeichnung für die Länder des östlichen Mittelmeers, insbesondere für deren Küsten.

Missionar
Als Missionare bezeichnet man Priester oder Laien, die schon bald nach der Entdeckung Amerikas mit dem Auftrag dorthin entsandt wurden, die Indianer zu christianisieren. Oft haben sie sie vor Übergriffen durch die Siedler beschützt.

Nekropole
Manche Friedhöfe sind so groß, dass man sie Nekropolen oder „Totenstädte" nennt. Nach ihrer Aufgabe wurde Monte Albán eine solche Nekropole.

Neue Welt
So wurde Amerika, ein neuer Kontinent, dessen Existenz man nicht vermutet hatte, nach seiner Entdeckung genannt – im Unterschied zur Alten Welt, woher die Europäer kamen.

Silex
Gelb und braunrot gefärbter Schmuckstein, der zur Familie des Jaspis gehört. Die Azteken fertigten aus ihm viele Gegenstände an.

Stele
Eine Stele ist ein – meist behauener – Stein, der auf einem Platz oder am Fuß eines Bauwerks aufgestellt ist, um an ein wichtiges Ereignis (Krönung, Zeremonie, Opfer usw.) zu erinnern.

Tumulus
Als Tumulus bezeichnet man einen kleinen Erdhügel, unter dem sich in aller Regel ein Grab befindet. Auf manchen dieser Tumuli steht ein Tempel.

Vasall
Im Europa des Mittelalters war der Vasall ein Lehnsmann im Dienste eines mächtigeren Lehnsherrn, dem er seine Treue schuldete. Diese Beziehung war die Grundlage des Feudalismus. Auch die Azteken kannten diese Form der Gesellschaftsordnung.

Zunft
Die Zünfte sind Vereinigungen, in denen die europäischen Handwerker des Mittelalters nach ihrem jeweiligen Beruf zusammengeschlossen waren. Sie hatten eigene Gesetze, eigene Regeln und eigene Schutzpatrone. Die aztekischen Handwerker kannten vermutlich die gleiche Organisationsform.

Register

Die kursiv gedruckten Seitenzahlen bedeuten, dass der betreffende Begriff in der Chronik am unteren Seitenrand zu finden ist.

Bildnachweis

3 ur: Zaza Dézîle – 4 o: M. Sinier; m: G. Soriani; u: D. Sanzi – 5 o: Miss/Fleurus; m: L. Blondel; u: G. P. Faleschini – 6 o: G. Blot/RMN; u: W. Morgan/Corbis – 7 o: J.-J. Hatton; u: BNF – 8-9: M. Sinier – 10-11: M. Sinier; 12 o: DOMINO; m: M. Sinier; u: E. Lessing/AKG Paris – 13 o: G. Bovis; ul: D. Riffet/Explorer; ur: K. Schafer/Corbis – 14 o: DOMINO; u: G. Dagli Orti/Corbis – 15 o: W. Forman/AKG Paris; u: Museum of Fine Arts, Houston, USA/Bridgeman Art Library – 16 o: DOMINO; m: D. Sanzi; u: F. Ancey – 17 o: G. Dagli Orti/Corbis; u: Richard A. Cooke/Corbis – 18 l: DOMINO – 18-19: S. Giampaia – 19 u: A. Wright/Corbis – 20 ml: Archivi Iconografico, SA/Corbis; u: British Museum, London/Bridgeman Art Library – 20-21: G. Soriani – 21 ol: Zaza Dézîle; or: Dallas und J. Heaton/Corbis – 22 o: DOMINO; l und ur: D. Sanzi – 23 o: Veintimilla/AKG Paris; m: D. Sanzi; u: DR/Corbis – 24 o: DOMINO; u: Zaza Dézîle – 25 o: F. Ancey; ul: P. Almasy/Corbis; ur: Royalty-free/Corbis – 26 o: DOMINO; m: (Mex 35-36 fol 25 v) BNF; u: M. Sinier – 27: G. P. Faleschini – 28-29: E. Seure-Le-Bihan – 30 ol: Biblioteca del Templo Mayor, Mexiko/G. Dagli Orti – 30-31: E. Seure-Le-Bihan – 32 o: E. Seure-Le-Bihan; m: D. Sanzi; u: (Arch Seld A1 fol 61r) The Art Archive/Bodleian Library Oxford/The Bodleian Library – 33 o: J.-J. Hatton; u: Biblioteca del Templo Mayor, Mexiko/G. Dagli Orti – 34: J.-J. Hatton; 35 l: Stapleton Collection/Corbis; or: M. Vautier/The Art Archive; ur: M. Sinier – 36 ol und or: Biblioteca Medicea-Laurenziana, Florenz/Bridgeman Art Library; m: L. Favreau; u: Biblioteca Medicea-Laurenziana, Florenz/Bridgeman Art Library – 37 o: Corbis; u: Bibliothèque de l'Assemblée nationale – 38 o: W. Forman/AKG Paris – 38-39: G. P. Faleschini – 39 o: Nationalpalast, Mexiko/Bridgeman Art Library – 40 o: Biblioteca Nacional de México, Mexiko/G. Dagli Orti – 40-41: S. Giampaia – 41 o und u: (Arch Seld 1 fol 65r) The Art Archive/Bodleian Library Oxford/The Bodleian Library – 42 o: Biblioteca Nacional, Madrid/G. Dagli Orti; u: Museo del Templo Mayor, Mexiko/G. Dagli Orti; 43 o: Museum für Völkerkunde, Wien/G. Dagli Orti; ul: Museo Nacional de Antropología, Mexiko/G. Dagli Orti; um: D. Sanzi; ur: Museo Nazionale Preistorico ed Etnografico Luigi Pigorini, Rom/G. Dagli Orti – 44: Zaza Dézîle – 44-45: A. Mc Bride (Linden Artists) – 46 o: Biblioteca Medicea-Laurenziana, Florenz/Bridgeman Art Library; u: AKG Images – 47: L. Favreau – 48: J.-J. Hatton – 49 o: Photo12.com/Bertelsmann Lexikon Verlag; u: AKG Paris – 50-51: Miss/Fleurus – 52: L. Blondel – 53 o: Liverpool Museum/W. Forman/AKG Paris; u: L. Blondel – 54 u: Veintimilla/AKG Paris – 55: L. Blondel – 56 ol: D. Destable/Musée de l'Homme; or: British Museum, London/W. Forman/AKG Paris; ul: Templo Mayor, Mexiko/G. Dagli Orti; ur: W. Forman/AKG Paris – 57 l: Musée d'anthropologie, Jalapa/W. Forman/AKG Paris; or: Museo Nacional de Antropología, Mexiko/ W. Forman/AKG Paris; ur: Museum für Völkerkunde, Basel/W. Forman/AKG Paris – 58 o: Museo Nacional de Antropología, Mexiko/W. Forman/AKG Paris; u: Biblioteca Nacional, Madrid/Oronoz/Artephot – 59: J.-J. Hatton – 60-61: L. Favreau – 62 o: Museum of the American Indian, New York/W. Forman/AKG Images; m: E. Seure-Le-Bihan; u: Museum für Völkerkunde, Wien/E. Lessing/AKG Paris – 63 o: Museum of the American Indian, New York/W. Forman/AKG Images; m: E. Seure-Le-Bihan; u: Museo Nacional de antropología, Mexiko/Bridgeman Art Library – 64 o: Museum of Mankind, London/E. Lessing/AKG Images; m: British Museum, London/W. Forman/AKG Images; u: Museo Preistorice Pigorini/W. Forman/AKG Images – 65 o: E. Seure-Le-Bihan; m und u: L. Blondel – 66: Museo de America, Madrid/AKG Paris – 66-67: The Art Archive – 68 o: Bridgeman Art Library; u: AKG Paris – 69 o: Biblioteca Nacional, Madrid/Bridgeman Art Library; u: D. Lehman/Corbis – 70: Bibliothèque du musée de l'Homme – 71 ol: Underwood&Underwood/Corbis; or: Musée de l'Homme; u: AKG Paris – 72 o: Rustica; m: M. Vautier/Ana; ul: C. Hochet/Rustica; ur: Rustica – 73 ol: AKG Paris; or: C. Hochet/Rustica; m: E. A. Soder/Jacana; u: J. Albertini/Rustica – 74 o: Koch/Rapho; u: Underwood&Underwood/Corbis; 75 o: D. Hiser/Getty Images; u: Schwarz Shaul/Corbis Sygma.

Unterer Seitenrand: L. Schlosser nach einem Flachrelief vom Templo Mayor de Tenochtitlán.
Die Piktogramme in der Chronik wurden von Nicolas Julo gezeichnet.

Umschlagvorderseite: Eugenio Mattozzi und Gianni d'Amico/Studio Ninovartis.
Umschlagrückseite: Corbis.